9つの事例でわかる

精神障害・発達障害の ある人が活躍する 職場のつくりかた

八木亜紀子 編集　ボーン・クロイド　又村あおい 著

中央法規

9つの事例でわかる

精神障害・発達障害の ある人が活躍する 職場のつくりかた

はじめに

　精神障害者が働く、という場面に出くわしたのは、かれこれ30年近く前のアメリカでのことでした。当時の職場である精神科のクリニックでは、デイケアと並行して、就労支援プログラム、就労前プログラムが提供されていました。就労前プログラムでは、すぐに就職を目指すわけではないデイケアの利用者さんにも作業に参加してもらっていて、週に数回のフードバンクの日には、地元の人に食材を手渡す仕事を担ってもらいました。クリニックは中国系、ベトナム系、ロシア系の人が多く住む地域にあり、利用者さんも多くはマイノリティの人たちで、彼らが自分たちの言語で堂々と接客に当たっておられた様子を今でも覚えています。普段はぼんやり過ごしていた利用者さんたちの表情がパッと変わり、いきいきと働く様子を目の当たりにして、働くことがこれほど活力になるのだ、と実感した瞬間でした。

　日本では障害者の働く場は徐々に増えてはいますが、その取り組みはまだまだ限定的です。その一方で、「障害者を雇う（雇っていろいろと配慮する）余裕がない」と言う事業者が、同時に人手不足に苦労している、という話を耳にすることもあります。このアンマッチはそういうニーズを持つ事業者の存在に気づかず、当事者は事業者へのアクセス法を知りません。こういった場合、一般的な情報発信では、彼らには届かないことがほとんどです。普通のやり方で届くのであれば、とっくに届いているはずだからです。

　そんな人たちに興味をもってもらえるのは、個人的な体験や口コミによる情報提供です。他人事と思っていた話が自分事になると、それまで意味のなかった文字や音の羅列が、意味のあるストーリーに変わります。

　本書は、障害者雇用を自分事と考えていただくきっかけになることを目指して企画されました。そのために、通常はインタビューが難しい、当事者の方や職場の方たちに極めて個人的なお話を伺いました。障害者

雇用の成功例、としてだけではなく、登場する人それぞれに感情移入して読んでいただくことで、新しい気付きにつながると期待しています。

またこれらのストーリーをもとに、まだ障害者を雇用していない職場の方にも共感いただけるよう、障害者雇用に限らない、労務管理や福祉全般に共通するキーワードを紹介しています。障害者雇用は１つのきっかけで、結局は職場全体の働きやすさにつながるのだと感じていただければ幸いです。

さらに、障害者雇用の鍵である、「合理的配慮」について、それぞれの木から見るような、体験に基づいた視点と、森全体を眺めるような、大局的な視点からの解説を試みました。ご自身の個人的な経験や価値観と結び付けつつ、社会の動きを意識して理解を深めていただけると思います。

障害者雇用は、産業領域と福祉領域が交わる点です。障害者の方の語りを聞くことで、その点が線になり、面になります。少子高齢化が進む日本で、障害者雇用をきっかけに、働きたい人だれもが働ける場が広がってほしいと切に願うばかりです。

障害者雇用は必ず皆さんの職場を活性化します。その旅路の助走に、伴走に、あるいは振り返りに、本書を活用いただければ幸甚です。

八木亜紀子

目次

第2章

障害者雇用を成功させるためのキーワード
八木亜紀子

「事例性」「疾病性」
"nice to"ではなく"must"の障害者雇用へ

「多様性」「レジリエンス」
障害者雇用から高める組織の対応力

「合理的配慮と要望・提案」
スタッフ一人ひとりをフル活用する

序章

障害者雇用を成功させたい
すべての人へ

八木亜紀子

あらゆる労働者から選ばれる職場をつくるために

「障害者が職場にいることが当たり前の社会」とは

　障害者の雇用促進が法制化され、その改正に伴って法定雇用率の引き上げや雇用義務対象者の拡大が施行されて、はや 3 年が経ちました。障害者雇用の動きは 1960 年の「身体障害者雇用促進法」の制定から始まっていますので、日本における障害者の雇用の歴史は 60 年を超えることになります。企業の寿命が 30 年だとする説を採用すると、障害者雇用が始まって、世の中の私企業はすでに 2 世代生まれ変わっていることになります。経営者もすっかり入れ替わり、職場のテクノロジーは飛躍的に進化しているはずですが、果たして、障害者が職場にいることが当たり前の社会に、わたしたちは暮らしているでしょうか。

　令和 2(2120) 年の障害者白書によると、身体障害者（身体障害児を含む）は 436 万人、知的障害者（知的障害児を含む）は 109 万 4,000 人、精神障害者 419 万 3,000 人で、国民のおよそ 7.6％が何らかの障害を有していることになるといいます。複数の障害をもつ人もいらっしゃるので、単純に合計はできないものの、960 万人を超えるとなると、東京 23 区の人口に迫る数です。東京 23 区の就業者数は 2019 年には 800 万人を超えていましたが、障害者雇用で雇用されている人は、厚生労働省によれば 2020 年現在、65 万人強（民間 57 万 8,292.0 人、国 9,336.0 人、都道府県 9,699.5 人、市町村 3 万 1,424.0 人、教育委員会 1 万 4,956.0 人、独立行政法人など 1 万 1,759.5 人）で、実に東京 23 区の就業者数の 12 分の 1 にも満たない数なのです。改めてこの数字を見て、「障害者なんだから、働ける人が少なくて当たり前」「健常者並みに働けない人を雇う余裕はない」「そもそも本人たちは働かないという選択をしてるんじゃないか」といった感想を持たれた方は多いのではないかと思います。

人財としての障害者

　まず、障害者の中で働ける人は、本当に少ないのでしょうか。超高齢化が急速に進み、労働市場が縮小している日本において、「働ける人には働いてもらいたい」というのは、だれしも期待していることでしょう。確かに、障害のある人にフルタイムで働くことはチャレンジかもしれません。しかし、週40時間の勤務が難しいということと、働けない、ということは別のことです。2つのグループを比べて、一方がもう一方の8%しか活用されていないとなれば、後者はむしろ、未開拓の市場だと考えるのがビジネスマンのマインドではないでしょうか。組織の財産になりうる、すなわち人財となりうる可能性のある人がまだまだ埋もれている、それが障害者雇用の現状だと考えます。

　また、障害者に十分に配慮できない、という職場も多いでしょう。実際のところ、民間の調査によれば、「受け入れる施設が未整備だから」という理由で障害者を雇用していないという企業は43%に上りました（障がい者雇用実態調査2020―『人事のミカタ』アンケート―）。障害者雇用を法定雇用率の達成や社会的責任を果たすためだけのものと考えていると、できないうちはしょうがないとあきらめることもあるでしょう。しかし、そのような価値観では、あなたの組織はいずれ、淘汰される時が来るかもしれません。自分が体調を崩す、家族にいろいろな事情が発生する等と、バリバリと働く人だけが働ける職場を居づらいと感じるタイミングは、だれにでも訪れます。さまざまな事情を抱えた人に「働きたい」「働きやすい」と思われる職場づくりは、組織が多くの労働者から選ばれて生き抜いていくうえでも必須の取り組みでしょう。

　では、障害者の就労意欲についてはどうでしょうか。障害者雇用の現場にかかわる人間としては、多くの方は働く意欲がある、あるいは少なくとも興味を持っていると断言できます。それまで暗い顔をしていた当事者の方が、働き手になったとたんに笑顔になる、いつもは動こうともしない当事者の方が、店番のシフトに入るときびきびと立ち振る舞う、

といった場面に遭遇した体験は数え切れません。個人情報の取り扱いの問題から、詳細なエピソードを得ることは困難ですし、公の調査も働く障害者たちの声を拾ったものは多くはありませんが、「働きたい」と思う障害者は現に存在しています。そんな人財を活かさないのは、実にもったいない話です。

　景気の動向や、未曽有のコロナ禍の影響で、雇用情勢は刻々と変化しています。しかし高齢化が進み人口が減少する日本では、何より「働いてくれる人」を確保しなければ、組織は存続できません。働く人から選ばれる職場でなければ、事業は継続できない、ということです。年齢、性別、人種、学歴、人生経験といった切り口で考えても、これからの職場は多様化が進む一方です。さまざまな背景の人に広く選ばれる職場の姿は、障害者雇用が目指すそれに通ずるといえるでしょう。障害者に選ばれる職場は、あらゆる事情を抱える「働きたい」人に選ばれる職場なのです。しかし、障害者が当たり前にいる、選ばれる職場づくりの取り組みはまだまだ道半ばです。

「地域共生社会」と職場

　障害者権利条約は国連で 2006 年に採択され、日本は 2014 年 1 月 20 日に 140 番目の締結国となりました。権利条約では、障害の有無にかかわらず、誰もが好きな場所で思うように暮らすという "当たり前" の権利と自由を認め、尊厳を尊重すると述べています。日本で条約締結になぜこれだけの年月を要したかというと、条約から大きくかけ離れた当時の国内法を整備したうえで批准に至ったからです。障害者基本法の改正、障害者総合支援法の成立、障害者差別解消法の成立、障害者雇用促進法の改正を受けて、ようやく国際条約の締結が実現しました。

　障害者が地域で暮らすための法整備が進み、仕組みは整ったはずですが、実際の生活にその変化が反映されているという実感はあまりないのではないかと思います。厚生労働省は「地域共生社会」を改革の基本コンセプトとして打ち出しています。「ニッポン一億総活躍プラン」「我が

事・丸ごと」地域共生社会といったフレーズが繰り返し語られる中、その実践の場として職場にも大きな期待と責任が課されています。職場も地域であり、共生社会を実現する役割を担っていることを、改めて強調したいと思います。

「周囲に理解されにくい障害」のある人と働くということ

　ところで本書では、障害者の中でもあえて、精神障害・発達障害のある人たちに焦点を当てています。実は障害者総合支援法に先立って成立した障害者自立支援法で、福祉事業者には、障害の種別（身体障害・知的障害・精神障害）にかかわらずサービスが利用できるよう、事業を一元化することが求められました。それまで支援の仕組みが障害ごとの縦割りで使いづらかったことや、精神障害者が支援費制度の対象外だったことが指摘されたためです。これらの動きもふまえ、2013年に障害者雇用促進法が改正され、2018年には精神障害者が法定雇用率の算定基準に加わりました。

　障害種別の壁を取り払う、という社会的動きがある中で、なぜ本書は特に精神障害・発達障害のある人たちにスポットライトを当てたか、という点を、ここで簡単に説明します。まず、発達障害は、生まれついての脳の働き方の違いにより、幼児のうちから行動面や情緒面に特徴がみられる障害で、自閉スペクトラム症、注意欠如・多動症（ADHD）、学習症（学習障害）、チック症、吃音などが含まれます。

　精神障害にも発達障害にもいえるのが、周りからは障害の全容がわかりにくい、ということです。精神障害でいえば、症状がずっと同じ調子で続く、という病気はあまりありません。うつ病や双極性障害にしても、統合失調症にしても、依存症にしても、調子のいい時もあれば悪い時もあり、それを当事者の方で気付いている場合もあればそうでない場合もあります。発達障害は例えば、サッカーの試合に一人だけラグビーの選手がいるような状態（本人なりにルールはわかっているけれど、どうやったらゲームに加われるかわからず、いざボールが回ってきて手を使うと

反則と言われてしまうし、周囲としてはそこに至ってやっと一人だけ違うルールでプレイしていたと気付く）で、当事者の方も周囲も、食い違ってみなければ何が問題か特定しづらいのです。

　さらに、精神障害、発達障害ともに根深いスティグマ（差別・偏見）があります。障害に対する無知からの恐怖心や誤解、固定観念、身の回りや社会から排除しようとする行動は、われわれの奥深くに巣くっています。障害のある方と向きあって初めて、自分の中から湧き出る様々な思いや反応に気づかされることも多いでしょう。

　あらゆる労働者から選ばれる職場づくりを目指すにあたり、精神障害や発達障害のある人たちを除外することは、道義的にも法律的にも許されることではありません。理解されにくい障害だからこそ、真摯に学ぶ意義があるのです。

事例をどう読み解くか

当事者の率直な言葉を受け止める

　新しいことに取り組む場合、先に試した人の意見を聞きたい、ということは自然なことです。何か買い物をするとなれば、まずは口コミをチェックする、という人も多いでしょう。メーカー側がどれだけ丁寧に商品説明をしていても、「いいことしか書いていないんじゃないか」「都合の悪いことは書いてないんじゃないか」と考えて、それだけではなかなか決めきれなかった、という経験は、誰にもあることでしょう。そう考えれば、障害者雇用についても、初めて導入するとなれば、先行事例について知りたい、本音を聞きたい、と考えるのも当然のことでしょう。実際、出版物等のメディアやインターネット上で、事例はかなり広く紹介されています。

　しかし、その多くは成功事例で、かつ事業者側の視点で語られているものがほとんどです。読み手の立場からすると、「本当のところを知りたい」「従業員たちがどう思っているのかがわからない」と感じられるものが多いのではないでしょうか。とはいえ、障害のある従業員の方に積極的に語っていただく、というのは、特に精神障害の場合、かなり難しいのも事実です。そもそもコミュニケーションに課題がある精神障害の方にとって、事業者側から「体験を語って欲しい」とアプローチされて、率直にイエス・ノーをいうことは大変な負担であることが想像されます。

　今回本書で挙げている事例は、障害のある従業員の方に当事者として語っていただくにあたり、そのサポーター（あるいはアドボケート）として、「アドバイザー」や「管理者」とされる職場の担当者からもお話をお聞きしました。また、当事者の方が就職して定着できるようバックアップする支援者（ジョブコーチ）の方にもかかわっていただいて、当

事者の方に率直に個人的な経験を語っていただけるよう、万全を期しました。その結果、さまざまな視点から事例を語っていただくことができました。

障害者雇用をきっかけに社内のコミュニケーションが充実

まず共通点として挙がったのは、障害を特別視しないことで従業員との信頼関係が築かれていたことです。事例を提供していただいた組織は、業種や業態、規模はさまざまですが、従業員間のコミュニケーションが良いことが共通していました。もともと風通しが良かった組織も、そうでなかった組織も、障害者雇用をきっかけにコミュニケーションがさらに促進されたという感想が多く聞かれました。

「わかったふり」をせず支援組織と連携する

また、外部の支援機関との連携が良い、ということも特徴として挙がりました。一般企業で障害者雇用をスタートするにあたっては、障害や疾患に関する知識については「わからないことがあるのは当たり前」、「わからないことは専門機関に聞く」ということを意識して、「わかったふり」をしないことが重要です。今回登場する組織の多くは、障害に関しての専門的なサポートは外部機関をうまく利用していました。専門分野は専門家に任せる、という役割分担が明確になれば、「気負い」も少なくなるでしょう。

「仕事上の困りごと」に焦点を絞る

職場が行う当事者へのサポートは、仕事上の困りごとが何か、に集中するほうが合目的的です。共に働くために、仕事で困っていることや不便なことが何かに焦点を絞ってサポートする、ということを考えれば、疾患名や障害はそれほど重要でない場合のほうが多いのです。障害者雇用に前向きに取り組んでいる職場では、うまくいっている時も問題が発生した時も、周囲がその結果に対して客観的に仕事の内容を中心に据え

て対応するという意識が感じられました。当事者の方が求める「仕事が
しやすい環境」を整えるには、まずは「あなたにはどんな疾患や障害が
ありますか？」と聞くよりも、「あなたが働きやすくなるためには何を
したらいいですか？」という問いかけから始めることです。

職場全体に波及効果がある

　この考え方は実は、障害の有無にかかわらず職場全体に当てはまるこ
とでもあります。仕事上で成果を出す、という共通の目標に向かって、
どうすれば効率的かつ効果的に前に進めるか、という視点で現状をとら
えることは、チームメイト同士がお互いを尊重し合うことにもつながる
のです。職場には、声を上げるまではいかなくても、仕事をするにあ
たってやりづらさや課題を感じている従業員の方々が少なからず存在し
ます。精神障害や発達障害を持つ従業員に寄り添い、仕事に対する困り
ごとを解消するための工夫を重ねることは、障害のある従業員だけでな
く、それ以外の多くの従業員にとっての働きやすい環境づくりに通じま
す。当事者の従業員一人ひとりの働きやすさについて工夫する職場の姿
勢が見えてくると、組織に対するロイヤルティは間違いなく高くなりま
す。自分が具合が悪くなったときも、組織は親身になって対応してくれ
るだろう、この職場だったらがんばれそうだ、と思えるからです。障害
者雇用の波及効果として、職場全体の活性化やコミュニケーションの促
進につながった理由の１つがここにあるといえるでしょう。

キーパーソンの存在

　各職場に、当事者の方のサポーター役の方がキーパーソンとして配置
されていたことも共通してみられました。職場の先輩として仕事の内容
を把握し、当事者の方をサポートする従業員の存在は極めて重要です。
新人社員を教育するビッグブラザー・ビッグシスター制度やメンター制
度のように、先輩社員が当事者従業員に寄り添うことが、障害者雇用に
おいてもポイントとなるといえるでしょう。

また、入社当初は障害者雇用チームに所属し、その後一定のスキルを習得して他の部署へ異動するという事例もありました。これも、一定の研修期間を経て各配属先に送り出される新人教育のシステムに通ずるといえます。

職場ノウハウの有効活用

組織によって、それぞれ既存の制度や仕組みがあると思いますが、障害者雇用における環境づくりは、それらを工夫することで対応できるものも多いと考えます。今回ご紹介する事例でも、人事・総務の担当者の方が、それぞれ培ってきたノウハウを有効に活用して障害者雇用と向き合い、結果的に結びつけている様子が描かれています。何か特別なことをするというのではなく、これまでの業務の延長線上に障害者雇用を位置づけて考えてみることが重要だといえます。ビジネス上のあらゆる課題と同様に、障害者雇用には必ずしもスーパーマンは要らないのです。

とはいえ、ご紹介しているどの事例も、最初からすべてがうまくいっていたわけでは決してありません。不具合があったときには、そこであきらめずに、しなやかな変化を模索し続けたことがインタビューでも語られました。いずれの職場でも、失敗についてもいきいきと振り返られていた様子が印象的でした。今後障害者雇用に取り組んで壁にぶつかったとしても、あきらめずにポジティブに課題に向き合っていただきたい、そのヒントとして事例を読んでいただきたきたいと思います。

喜び合う組織

組織にとっては、壁を1つひとつ乗り越えて、成功体験を少しずつ積み重ねていくことが大切です。成功の喜びは、そのあとの継続につながります。スモールステップで歩んで、成功を過小評価せず、しっかりと職場で共有する、それによってチームは強くなります。日本の組織はうまくいったことを評価し合うことが得意でないことが文化的に多いです

が、喜び合うことで組織のパフォーマンス強化が可能になります。

　本書の読者としては、当事者の就労を支援する、支援者の方も想定しています。福祉職の方たちには、当事者と職場や組織の橋渡しの役目が期待されています。つまり、支援の対象は当事者だけではなく職場や組織も含まれている、ということです。障害に関する知識を得て、それをベースに従業員である当事者一人ひとりに向き合う、という過程には、時間と労力を要します。当事者の就労を成功させるためには、その間、組織としてのパフォーマンスを維持する必要があります。そこで支援者には、職場の不安や懸念をケアしつつ当事者のフォローも忘れない参謀役として職場を支えることが求められます。紹介している事例の随所に垣間見える、支援者の間接的支援を参考に、当事者と職場の1＋1が3にも4にもなるような支援を模索していただきたいと思います。

当事者の言葉から考えるヒントを

　さらに、当事者で就職を考えている方も本書を読まれることを想定しています。当事者の方は、障害をオープンにするにせよクローズにするにせよ、就職するに先立ってまずご自分の得手不得手を冷静に把握して、どうすれば自分の力を最大限に発揮できるか作戦を立てていただきたいと思います。この作業には時間がかかることもあるでしょうし、それに伴う交渉や折衝は、自分一人ではうまくいかないことも多いかもしれません。そんなときには抱え込まずに周囲に相談しなさいと、あちこちで口すっぱく言われていると思いますが、自分を受け入れて人に相談するというのは、実はとても難しいことです。そこで、この事例に登場する当事者の方たちの体験談に触れてみてください。彼らは就職活動そして就労という旅路の前を歩く先輩です。先輩の語りで共感できるところやそうでないところに気を配りながら読み進めて、ヒントを見つけていただきたいと思います。

合理的配慮をどう理解するか

　障害者雇用を考える際にキーワードになるのが「合理的配慮」です。障害者が働くには「配慮」が必要になると思われますが、その一方で、障害者でなくても配慮してほしい、配慮されればもっと働きやすくなるという人もいるでしょう。あるいは障害者であっても、改めて配慮というほどの特別扱いは要らない、という人もいます。何をもって「合理的」とするかは、個人差もあるし、状況によって変化しうるのです。

　本書では、長らく実際の就労支援に携わっている支援者の経験を紹介しています。そこでは、当事者とかかわり支援者として経験を積む中で、当事者の働きやすさを追求し支援した過程が描かれています。就労を切り口に支援を考えることで、ミクロな視点から合理的配慮を検討します。また、法律や制度面からも合理的配慮を紹介しています。さまざまな社会的要請から制度化に至った障害者雇用を理解するために、マクロの視点から大局的に制度について解説し、特に精神障害について詳しく説明しています。

　これらを通して、組織としての合理的配慮、職場としての合理的配慮、当事者個人にとっての合理的配慮をそれぞれ見直してみてください。重なる部分もあれば、ずれる部分や食い違う部分もあるでしょう。それらを検証することから、働きやすい職場づくりが始まります。本書をぜひそのきっかけにしてください。

＊＊＊

　現場でのインタビューから読み取れた、障害のある人が活躍する職場づくりのヒントを「元気な職場をつくる障害者雇用の『配慮』の視点7+1」と題して次頁にまとめました。

　9事例のインタビューを読む前に、また、読んだあとにも目を通してみてください。読者の皆さんの職場と本書の事例を照らし合わせる際の参考にしていただきたいと思います。

元気な職場をつくる
障害者雇用の「配慮」の視点 7 +1

	【上司・同僚に求められる視点】	
1	正当な評価	従業員の障害のみにフォーカスせずに、仕事の内容に対して、正当な評価を行うこと。 **第一生命チャレンジド**
2	共に喜び合う	共に働く仲間として、職場内で一緒に活躍し合えることに喜びを感じること。 **ビームス、 エム・シーネットワークスジャパン**
3	気負わない	フラットな関係を維持し過度に気負わず、常に自然に接すること。 **黒ばら本舗、まるみ**
	【企業・組織に求められる視点】	
4	幹部の理解とキーパーソンの存在	幹部が障害者雇用の意味と必要性をしっかりと理解していること。また、職場における「キーパーソン」の存在を見いだし、活躍をしてもらうこと。 **中央労働金庫、サンキュウ・ウィズ**
5	フレキシブルな環境づくり	障害者雇用が難しいと感じたとき、当事者や従業員ではなく、組織のシステムに原因があると考えてみる。既成概念にとらわれていないか、もう一度考えてみること。 **エム・シーネットワークスジャパン、まるみ、サンキュウ・ウィズ**
6	横断的なかかわり	当事者が所属部署にとどまらず、社内の各部署とかかわれるような環境づくりを行うこと。 **中央労働金庫、ビームス**
	【支援機関・地域に求められる視点】	
7	支援組織との連携	就労移行支援機関、ハローワーク等の外部組織との協力体制を築き、当事者との「通訳」の役割を果たしてもらうこと。 **スーパーホテルクリーン、カラフル・コネクターズ＆居酒屋「結」**
プラス1	働き方改革としての視点	障害者雇用には、すべての従業員のための「働き方改革」のヒントがたくさん詰まっていることを認識すること。

　インタビューを行った各職場においては、上記の配慮が複合的に実践されていましたが、特に印象的だった視点に分類し整理しました。

【上司・同僚に求められる視点】

1 「正当な評価」

　第一生命グループの特例子会社である**第一生命チャレンジド**（51頁）は、2011年から障害のある従業員も健常者も同じラインに立ち、ステップアップする職位システムを導入しています。トレーナーに昇進した当事者が100人規模の外部研修の講師を担う等、さらなるステップアップを糧に活躍しています。

2 「共に喜び合う」

　衣料品、雑貨のセレクトショップを展開、若者の風俗・文化に新風を送り込む役割を担うべく「常に個性的であれ」と従業員に求めている**ビームス**（34頁）。障害も個性ととらえ、積極的に障害者雇用に取り組んでいます。ジョブコーチでもある障害者雇用の担当者は、重症心身障害者施設の元施設長。福祉の世界から飛び出して同社に転職、新しい世界においてキャリアを活かして、当事者の自己実現を支えることを自らの「やりがい」として従業員の定着に貢献しています。

　国内最大級の美容脱毛に特化したエステサロンを展開する**エム・シーネットワークスジャパン**（68頁）の障害者雇用の管理者は「人を助ける仕事、活動にかかわったことがある人」という募集要項に魅力を感じ、教育や介護の現場から転職したといいます。それまでの「支援する側・される側」という枠組みを超えて、過去の対人援助で得た経験を一般企業で活かすことに喜びを感じながら、障害のある人が働きやすい環境づくりを実現しています。

3 「気負わない」

　黒ばら本舗（44頁）は、大正時代から続く、東京の下町で化粧品の製造販売を営む企業です。自閉スペクトラム症の従業員が家庭的な同社の雰囲気の中で、現場を預かる父親的存在の担当者のもと、いきいきと

業務をこなしていました。「なんでもざっくばらんに話してほしい」という下町で築かれた社風に支えられて、障害ではなく仕事そのものを見つめるという、障害のある従業員に対して過度に気をつかわない空気がそこには流れていました。

まるみ（86頁）は、企業向けに名刺の印刷作成等を請け負う印刷会社。従業員総勢12人でその半数近くが障害者です。社長が「従業員は神様」と公言し、貴重な戦力ととらえています。統合失調症、双極性障害をもつ従業員もそれを理解し、職場内はフラットな空気であふれていました。「企業と働く人は対等な立場」という姿勢を経営者が貫く同社には、障害者雇用成功の秘訣を求めて、多くの企業が視察に訪れます。

【企業・組織に求められる視点】

4 「幹部の理解とキーパーソンの存在」

中央労働金庫（76頁）は、わが国唯一の福祉金融機関。2009年に厚生労働省の精神障害者雇用に関連するモデル事業を受託。ただし、それまで精神障害者の雇用の経験はゼロ、総務人事部の担当者が、事前にしっかりと支援機関に相談してノウハウを学び、そこから仕事の切り出し等について調整すべく社内を奔走しました。担当者のキーパーソンとしての地道な努力がきっかけとなり障害者雇用の理解が組織内に広がっていきました。

大手総合物流企業・山九株式会社の特例子会社である**サンキュウ・ウィズ**（95頁）は、設立当初は清掃やシュレッダーでの文書処理などの関連業務を担当していましたが、親会社からグループ企業で使用するパソコンのメンテナンスに関する作業の可能性を打診されました。グループ内のIT関連の企業から出向となった担当者により、きめ細やかな準備がなされました。そして、グループ企業が使用するすべてのパソコンや社内用のスマートフォンの設定の業務を行う事業部が立ち上げられました。多くの発達障害のある従業員の活躍の場として、さらに事業

拡大の核となる部署に成長しています。

5 「フレキシブルな環境づくり」

エム・シーネットワークスジャパンでは、幻聴のあるスタッフの「自分を責めている声が聞こえてくる」との訴えを受け、管理者が改善策として「カームダウン・スペース」の設置を提案、スタッフの定着に結びつけました。また、**まるみ**では、「できないのは障害のせいではなく環境のせい」の考え方を貫き、固定観念をもたないフレキシブルな勤怠管理を行うことで、結果的に従業員の定着を実現させています。

サンキュウ・ウィズでは、一人ひとりの障害特性に合わせた「作業手順書」が用意されています。常にバージョンアップを図るなどして、従業員の力が発揮できるようきめ細かな内容となっています。

6 「横断的なかかわり」

中央労働金庫では、障害のある職員は「ワークサポート」と呼ばれる部署から仕事をスタートします。そこでの業務の習熟度、適性を元に、希望によって習得したスキルを他部門において活かすというシステムが導入されています。障害のある職員の「他部門で働いてみたい」という希望をかなえ、異動後は貴重な戦力として活躍していました。当事者のモチベーションアップとともに、職員に対して障害者雇用に対する理解を深める効果も生み出していました。

ビームスでは障害のある従業員が就労支援機関で習得した技術を活かして、所属部署を超えた業務を企画提案、それをジョブコーチが調整役となり企画実現のサポートをするなど、従業員の活躍の可能性を広げています。

【支援機関・地域に求められる視点】

7 「支援組織との連携」

　スーパーホテルクリーン（26頁）は、ビジネスホテルチェーン「スーパーホテル」グループの清掃専門会社。障害者雇用の充実のために「アドバイザー」制を導入、退職したベテラン社員を「アドバイザー」として再雇用。退職中のボランティア活動の経験を活かして、地域のハローワークや特別支援学校との関係づくりを精力的に行い、関連機関との太いパイプづくりに貢献、採用・定着において大きな役割を果たしています。

　就労継続支援B型事業所 **カラフル・コネクターズ**（60頁）は、利用者の経験を広げ、就労支援機関として小規模の企業や商店からの需要にも応えようと、東京都品川区の戸越銀座商店街の**居酒屋「結」**と提携。先入観をもたずに利用者に接する居酒屋の店主との関係は、自閉スペクトラム症の当事者に、積極的に人とかかわる意欲が高まるという変化をもたらしていました。

• プラス1 「働き方改革としての視点」

　障害者雇用がうまくいっている企業は「働き方改革」に対してもポテンシャルが高い企業、とよくいわれますが、今回インタビューを行った企業についてもそれを感じました。

　2013年の改正障害者雇用促進法で定められた「合理的配慮」は、障害のある人に対して、働きやすい環境を合理的に会社側が提供するよう義務づけたものです。「働き方改革」も、この「合理的配慮」の概念を「障害」という枠組みからさらに広げてとらえられるのではないでしょうか。従業員の働く環境の改善を会社側が提案し、それを従業員が受け止めてお互いの利益を追求していく「働き方改革」の基本は、障害者雇用の理念にも合致しています。

「合理的配慮」をもとに進められる障害者雇用の取り組みには、「ソーシャルインクルージョン」や「多様性への配慮」など、キーワードだけを見ても「働き方改革」の種がたくさん存在することがわかります。障害者雇用への取り組みを進めるにあたって、企業の人事担当者には、法定雇用率の達成にとどまらない企業にとっての大きな魅力を感じてもらいたいと思います。

第1章

精神障害・発達障害のある人が活躍する職場はどのようにつくられたか

──9つのロングインタビュー──

構成・インタビュー 池田正孝

スーパーホテルクリーン

ビームス

黒ばら本舗

第一生命チャレンジド

カラフル・コネクターズ＆居酒屋「結」

エム・シーネットワークスジャパン

中央労働金庫

まるみ

サンキュウ・ウイズ

（登場いただいた方の肩書等は、取材時のものです）

「社会人」としてとらえる視点が信頼関係を築く

■会社概要

株式会社スーパーホテルクリーン

本社	東京都中央区
事業内容	清掃業、ビルメンテナンス業 国内外に 127 店舗を構えるスーパーホテルのグループ会社
設立	2016 年 8 月
従業員数	250 人
雇用障害者数	12 人

（2021 年 5 月現在）

　全国展開するビジネスホテルチェーン、スーパーホテルから清掃専門の会社として独立したスーパーホテルクリーン。

　重要な人材源として 2018 年より障害者雇用に力を注ぐ同社は、アドバイザー制度を活用し、社員同士で意見を交換し合える「フラットなコミュニケーション」を重視、成長を続けている。

　障害者雇用を担当する業務部総務課の大町真也課長、アドバイザーとして現場で指導にあたっている門間純子さん、当事者の佐山育也さんにお話を伺った。

障害者が期待する職場像を追求

　業務推進課長として障害者雇用を担当する大町真也さんは、スーパーホテル系列の福祉施設に所属した 16 年間の経験があり、介護福祉士の資格ももつ。

2018年にスーパーホテルクリーンに出向。この年、同社では障害者雇用に積極的に取り組む方針が打ち出され、大町さんが課長を務める業務推進課がその中心の部署となった。当時の障害者雇用率は1%にも満たなかった。

　「障害者雇用を人材資源の確保と考え、しっかりとしたその道すじをつくることが当面の目標で、雇用率はその結果としてとらえるよう指示されました。とにかくじっくり取り組むように」と大町さんは振り返る。

　障害者雇用について予備知識はほとんどない中での異動だったが、福祉の世界でキャリアを積んでいたこともあり、ハローワークに相談すればそれほど難しいことではないのではないかと考えていた。しかし、企業側が望む人材とのマッチングはそれほど簡単なものではなかった。

　「じっくり取り組め」という社の方針が結果的に障害者雇用をスムーズに進める鍵となったと大町さんは話す。

　「障害者雇用の現実を知り、自分なりの視点をもって実践に活かそうと思いました。もし短期間に雇用率をアップさせるという目標が掲げられていたら、そのような進め方はできなかったと思います」

　ハローワークで、実際に障害者が働く現場を見学することを勧められて就労移行支援事業所を紹介された。そこで雇用する側が一方的に働く障害者像を描くのではなく、現場を知ったうえで障害者が期待している職場像を感じてほしい、と言われた。

　その提案を深く受け止めた大町さんは、多くの障害者雇用の現場を見学してまわった。雇用の現場の空気に触れる中で、うまくいっている職場には共通点があることに気付いた。

　「大事なのは、コミュニケーションだと思いました。うまくいっている職場は往々にして一般社員も障害のある社員も、分け隔てがなく活発な会話が交わされていました」

　そしてそのような職場には、両者をつなぐような立場の社員の存在があり、障害のある社員が活躍するための要になっていた。自然とそういっ

た役割を果たしていることもあれば、障害者雇用の担当として配属され
て業務についているケースもあった。

コミュニケーション充実のために「アドバイザー」を配置

　障害者雇用の歴史が始まったばかりのスーパーホテルクリーンの場合
は、組織としてコミュニケーションを充実させる役割を担う担当者の配
置が必要だと大町さんは考えた。
　その担当がアドバイザーである。アドバイザーの役割は、採用から現
場の業務の指導まで一貫して障害のある社員とかかわり、職場での円滑
なコミュニケーションに主眼を置いて環境づくりを行うというものだ。
その役に適した人材として大町さんの頭に浮かんだのが、門間純子さん
だった。
　門間さんは、スーパーホテルクリーンの社員だったが、体調を崩して
退職、その後地域の「子ども食堂」や、小学校の放課後見守りボランティ
アの活動等を行い２年が経過していた。そんなとき、かつての職場から
障害者雇用を担当する「アドバイザー」として復職してもらえないか、
との連絡があった。
　「健康も取り戻していたし、なんとなく、自分に合っているかもしれ
ないな、と思って、何もわからないままお受けすることにしました」と
門間さんは語る。
　コミュニケーション重視、また当事者の思いを深く受け取ってほし
い、という大町さんの言葉を頼りに、門間さんは近隣の特別支援学校や
ハローワークへの訪問を重ねた。
　「ボランティア活動の経験も活かして、企業の担当というよりは、と
にかく“母親視点”“保護者視点”で話を聞いてまわりました。学校な
どを訪問の際は、母親視点が高じてすっかり熱くなってしまい、先生と
長時間話し合うこともたびたびありました」と門間さんは苦笑する。や

がて「スーパーホテルクリーンに門間という面白い人がいる」と特別支援学校の間で評判になり、就職担当の教師のほうからスーパーホテルクリーンに連絡が来るようになった。

「障害のある若者を理解し、力になろうという門間さんの熱い思いにずいぶんと助けられました」と大町さん。

就労支援機関などから紹介を受けた若者が徐々にスーパーホテルクリーンの研修に参加するようになり、社員も1人2人と増加していった。

「障害者」ではなく「社会人」としてとらえる視点

門間さんがアドバイザーとして社員と接する際に心がけていることは、「あなたに対して障害者として接する気はありませんから」と伝えること。

「お給料をもらって、そして、立派に税金を払う社会人になるんだから、誇りを持って生きていこうね」と一人ひとりに必ず伝えている。

「実は、私自身に向けての言葉でもあるんです」と門間さん。家族から「社会に子どもを出すことに不安を感じていたけれど本当によかった」と感謝の言葉が届くことも多い。自分の家族を一社会人として、しっかり受け止めて認めてくれていることへの感謝だろう。

「ご両親など当事者に近い人ほど仕事をするのは難しいのではないかと不安を持っておられるようですが、そんなことはないと証明するのが私たちの役割だと思っています」。大町さんは、そう話す。

結果が見える仕事だからやりがいを感じる

佐山育也さんは、東京都出身の26歳（インタビュー当時）。小学校の頃から周辺の人とうまくコミュニケーションがとれず、クラスの中でトラブルになることが多かった。

　自分でもよくわからないまま、ちょっとしたことでもキレてしまい、クラスメイトを傷つけてしまうことがあった。両親が学校に呼び出されもした。友達もできずクラスの中での居場所が見つけられず、辛い日々が続いた。

　小学校高学年のときに自閉スペクトラム症と診断され、「ああ、そうなんだ」と思った記憶がある。

　それでも大学時代はマイペースで落ち着いた日々を過ごすことができた。しかし、就職活動はことごとくうまくいかなかった。小学校の頃と同様、再び「社会には自分の居場所はないのだ」という思いに包まれた。それから2年間「ひきこもり」の状態が続いた。

　仕事を持たなくては、と就活のときにサポートをしてくれたハローワークの担当者を訪ねてみた。担当者は、佐山さんが自閉スペクトラム症と診断されていることもあり、就労継続支援B型事業所を紹介してくれた。その事業所は銭湯の清掃業務を行っていた。黙々と作業ができることが、佐山さんの性格に合った。

　「集中して作業をすればするほど、その効果が目に見えるところがうれしいんです。達成感、やりきった感が得られます。2~3人単位の少人数グループで作業を行うことから、自分のペースで仕事が進められることも自分に合っていると思います」。佐山さんは清掃の仕事が気に入った理由をこのように話す。

うやむやでない関係がうれしい

　B型事業所での研修期間を経て佐山さんはスーパーホテルクリーンに入社、そこで、アドバイザーの門間さんと出会う。佐山さんとの出会いを門間さんは次のように振り返る。

　「新人さんだ、うれしい!　と思っていたら、『僕にはあまり話しかけないでください。最低限のホウレンソウ(報告・連絡・相談)はします

ので』という先制パンチを受けました」

　門間さんは逆に「お母さん魂」に火がついてしまったという。

　「アドバイザーの使命は、社員とのコミュニケーションにあるので、話しかけないわけにはいきません。それに、これは私の性格でもあるから」。即座にそのように返した。

　「門間さんのような大人に初めて出会った」という佐山さん、「仕事上の問題点をぼやかさずにはっきり指摘してくれますし、自分でも少し気がゆるんでいるかな、と思ったときはすかさずビシッと注意してくれるので助かります」と話す。門間さんの厳しい一言一言が、自分を社員として認めてくれていることの実感につながっているという。

　入社から半年が経過し、「話しかけないで」と言っていた佐山さんの方から、門間さんに報告や指示を仰ぎ業務の効率化などについて提案することも増えてきた。

　「『この部分はこうしたほうがいいと思います』とか『この件はこうしたほうが良いのでは』と業務改善について提案してくれます。彼をよく知る支援機関のジョブコーチにお話をしたら『その変化はすごい！』と喜んでくれました」と門間さん。

　「自分はそれほど変わったつもりはありません。ただ、門間さんのぐいぐい引っ張っていくペースにいつの間にか乗せられてしまったような気はします」と佐山さんは笑う。

　さらに佐山さんにスーパーホテルクリーンの仕事の魅力を尋ねてみると、「皆とても忙しそうにしているけれど、とても明るい会社。こちらが挨拶をしたらしっかりと返してくれるところもうれしいです。良い仕事をしたときには、その場で『素晴らしい！』とほめてくれる空気があります。大学時代の友人に話したら『そんな職場はめったにないよ。自分の会社は、頑張っても何も言ってくれない』と言っていました」と話してくれた。

「良いところを探しながら仕事をしていく」

　さらに佐山さんが、現在感じている仕事上の課題についても聞いてみた。それは、今まで自分が得意ではなかったチームでの仕事の進め方、特に同僚・後輩とのかかわりだという。仕事を続けていく中で、後輩が入社してきたときにどのようにかかわるべきか、不安があるのだそうだ。

　「厳しくして雰囲気が悪くなるのも良くないし、だからといって先輩の自分が何も教えないと仕事が滞ってしまう。汚れているところがそのままになっていたりしたら清掃会社として大きな問題ですから」

　門間さんは、佐山さんの責任感を評価しつつ、後輩にとってその仕事が難しそうだと感じたら、無理にやってもらわないようにしたらどうか、と提案する。得手不得手はだれにでもあるのだから、佐山さん自身も含めて無理をしないことが一番大事だと。現場で何か不足しているようなことがあれば、アドバイザーである自分に伝えてほしい、そのときは他部署と連絡を取って協力をお願いするから、と助言する。

　佐山さんが近い将来を見据えて後輩の指導にも思いを巡らせていることに対して、大町さんは「佐山さんのこのような熱意によってスーパーホテルの清潔さをが保たれているんです」と話す。門間さんも「この佐山さんの向上心がすごいんです！」と続ける。

　佐山さんが、スーパーホテルクリーンの魅力として語っていた「この会社は良い部分はすぐにほめてくれる」という状況そのままの会話が続いた。佐山さんは、照れくさそうに「ほめすぎです」と答える。すかさず「お互いに良いところを探しながら仕事をしていくのって楽しいじゃないですか！」と門間さん。2年間スーパーホテルクリーンを離れて、ボランティア活動に従事し、そしてアドバイザーとして同社に復帰してかみしめている本音の言葉ではないだろうか。

「社会ってまんざらでもない」

　インタビューの最後に語ってくれた、佐山さんの言葉を紹介したい。

　「一時は社会に自分の居場所などどこにもないと絶望していた私ですが、現在の仕事のおかげで『社会ってまんざらでもないな』と感じ始めています。自分の居場所がやっと見つけられたように思います。この気持ちを大切に持ち続けて、社会に貢献できたらと思っています」

（2019年3月取材）

左から　大町さん、佐山さん、門間さん

「個性的であれ」──多様性を重視することで、しなやかな組織の力が生み出される

■会社概要

株式会社ビームス

本社　　　　　東京都渋谷区

事業内容　　　紳士服・婦人服・バッグ・靴・雑貨などの販売

設立　　　　　1982年5月（創業1976年）

従業員数　　　2,047人

雇用障害者数　43人

（2021年4月現在）

　ビームスは1976年の創業当初より日本の若者の風俗・文化に新風を送り込むファッションの旗頭の役割を果たしてきた。小さな光（Beam）にも目を向けて、それをBEAMSとして集約し、魅力的な商品を世に送り続けている。

　スタッフ一人ひとりに自分らしい生き方の実践を求めるビームスは、仕事は幸せな人生を送るためのもの、人生を豊かにするためにある、と位置づけている。

　「多様性」を企業フィロソフィとし、築かれていくビームスの「障害者雇用」の新しい可能性について、山村香代子さん（社長室　宣伝広報統括本部兼秘書課副部長）、辻智義さん（ロジスティクス本部　物流支援部課長）、菊地聡史さん（ロジスティクス本部　物流支援部主任）青木尚之さん（当事者　ロジスティクス本部）にお話を伺った。

「常に社員は個性的であれ」の企業哲学
その延長線上に障害者雇用も存在する

　障害を個性としてとらえるビームスの障害者雇用の源は創業者で「ア
パレル界の風雲児」として知られる、設楽洋代表取締役社長の企業哲学
に基づく。セレクトショップとして、「社員は常に個性的であれ」と若
者の感性を刺激する商品を提供し続けているビームスであれば、それは
自然なことかもしれない。

　「社長の設楽は『ビームスは動物園のよう』と以前から言っております」
と山村香代子・宣伝広報統括本部副部長は、笑顔で語る。

　「社員は、個性派人間であることが常に求められ、障害者雇用におい
ても個性的な人材の確保という視点でとらえられ『人材の多様性』と結
びつけられています」と山村さん。

　障害のある従業員に対して「組織の中で個性を活かして仕事をすべき人
材」としてとらえる視点が、ビームスの社員には自然と身についていると
いう。

福祉の世界からビームス社員への転身

　ジョブコーチとして障害のある従業員のサポートを行っている菊地聡
史・ロジスティクス本部物流支援部主任も、自分自身の「個性」を発揮
すべく7年前に福祉職からビームスへ転職した。

　それまでは、重症心身障害者の入居施設で相談援助の業務を行い、施
設長の役割を任せられるまでに至った。なぜビームスへの転職を考える
ようになったのか。

　「福祉職として現場で"障害者の自立とは何か"と自問していました。
たどり着いた答えが"障害者の自立とは社会と接点を持つこと"でした」
と言い、「そしてそのことが、相談援助を行う者としての大きなテーマ

となりました」と当時を振り返る。

　障害者の自立について真剣に考えれば考えるほど、狭い福祉の世界にとどまっていては、本質的な仕事ができないのではないか、と自問する日々だった。

　そんなとき、ビームスが障害者雇用にかかわる人材を募集していることを知り、福祉の世界を飛び出した。

「守られる存在」ではなく
「組織の中で個性的に仕事をする存在」としての視点

　ビームスでは42人の障害のあるスタッフが就労している（取材当時）。その多くのスタッフが所属する物流部門のロジスティクス本部が菊地さんの現在の職場である。障害を持つ従業員の労務管理や相談支援、職場定着支援を担当している。

　「私は福祉の世界で当事者の自己実現を図る仕事を行ってきましたが、そこではいつでも『守られる存在』として障害者と接していました。今は、障害のある人とは『主体的に仕事をする人材』として向き合っています」と語る。その視点は、前職では得られなかったものだ。

　障害のある人、一人ひとりのストロングポイントに注目すること、その能力と意欲を見つめながら、新しい仕事に挑戦し活躍できるように環境を整えていくのが、現在の菊地さんの役割である。ただし、その実践には、前職での経験も大いに役に立っているという。

　「精神に疾患をもつ方にとって、周囲の人とコミュニケーションをとることは、とても緊張が強いられます。その緊張を緩和するには、その人の思いを傾聴することが最良の方法だと障害者施設の現場で経験してきました。社会に出て仕事をするとなると、緊張の度合いは、私たちには想像できないくらいのものになるはずです」

　菊地さんは、福祉職時代の経験をもとに、その人の職業生活の安定を

最大限に考えながら、施設時代と同様、あるいはそれ以上に傾聴に徹する姿勢でスタッフと接するように心がけている。

障害をもつスタッフから学んだこと

　菊地さんの上司である辻智義・ロジスティクス本部物流支援部課長は、この部署につくまで障害のある人とのかかわりが特になかった。障害のあるスタッフとのかかわりの中で辻さんは、「障害をもつ人がスタッフに加わることによって、人にはできることとできないことがあると、当たり前のことですが、そんなことに改めて気づかされました」と話す。

　パフォーマンスの高い仕事をするためには、「できないこと」にフォーカスして無理をしすぎてはいけないことを"自分事"として意識できるようになったという。

　障害のあるスタッフの中には、どうしても無理を重ねてしまう者がいる。結果的に体調を崩してしまい、仕事に対するモチベーションも落ちてしまうことになる。そんな状況に陥っているスタッフがいないか、辻さんは朝と帰りのあいさつを大事にしている。

　「しっかりと顔を見てあいさつをかわすことで、その日の様子、変化がわかります。何か変調を感じたときには、積極的に声をかけて、話を聞くようにしています」

　管理職として物流支援部の全体をカバーする立場から、障害のあるスタッフと長時間直接かかわったり、指導をする機会が少ない辻さんにとってそれは大事な時間だという。

　「このことは、ジョブコーチの菊地が傾聴に徹している姿を見て学んだことです。ただ、現場を預かるマネジャーとしては、その時間をもう少し短くしてくれないかな、と思うこともありますけど」

　数時間にわたってスタッフの話に耳を傾けることもある菊地さんに対して、時には業務効率が心配になる、と辻さんは笑う。

　辻さんが朝にあいさつした際「少しおかしいな」と感じたスタッフに終業間際に声をかけてみると「もう、菊地さんに話をしたから大丈夫です」という答えが返ってくることがある。菊地さんの傾聴が結果的に業務効率を高めていることになる。

　「私たちにはささいに思えることでも、心に問題を抱えている人にとっては大きな悩み事であることがあります。菊地は前職の経験から、そのことに本当によく気づいてくれます」。菊地さんを辻さんはそう評価する。

ショックだった診断結果

　青木尚之さんは、ロジスティクス本部で辻さん、菊地さんのもとで働く、障害のあるスタッフ。福島県出身の46歳（取材当時）。精神障害と軽度の知的障害がある。

　青木さんが語った、これまでのご本人の道のりを紹介したい。

　3人兄弟の末っ子、2人の兄は自分から見てもとても優秀で、自分は兄たちを真似て一生懸命勉強をしたけれど一向に成績が上がらなかった。

　兄たちは東京の大学に進学、自分も高校卒業後兄を慕って上京、専門学校に通ったのち都内で就職をするが、長くは続かなかった。職場での人とのかかわり方がよく分からなかったことが原因だった。その後、転職を繰り返す。短いときは1日で辞めてしまうこともあった。

　そんなことを繰り返しているうちに、働く意欲がなくなり、アパートの自室に引きこもるようになってしまった。生活保護を受ける状況が長く続いた。

　40歳を超えた4年ほど前、福祉事務所の担当者から一般就労が難しいようであれば、障害者雇用の枠で仕事をしてみたらどうか、と勧められた。

　それまで、自分が障害者だという自覚はまるでなかった。担当者の勧

めに従って精神科病院で検査を受けた結果、精神障害と軽度の知的障害があると診断された。

　そのときは、表現できないような大きなショックを受けた。家族にも伝えることができなかった。それでも、障害者手帳を取得して障害者雇用という形で新たに仕事をすることが可能になったと、前向きにとらえるよう心がけた。

　それから、就労継続支援B型事業所で2年間、清掃の仕事を続けた。支援機関の担当者とはコミュニケーションに支障をきたすこともなく、仲間たちともそれまでのように、かかわり方がわからなくなってしまう、ということはなかった。

　事業所から、ビームスの物流部門を紹介され10日間の研修を行った後、面接を経て2017年4月にビームスに入社した。

　「面接の後、しばらく返事が来ずにドキドキしていました。それだけに、合格と聞いたときに、飛び上がるほどうれしかったです」

「無断欠勤」を救ったもの

　入社の喜びをかみしめつつビームスという新しい世界にとび込んだ青木さんだが、支援機関の環境とは大きく異なり、入社から間もなくして、やはり同僚とコミュニケーションをうまくとることができなくなって、1週間ほど休んでしまう。最初の2日間は職場に連絡も入れない「無断欠勤」だった。

　「今回も無理か」と思い、青木さんは支援してもらっているB型事業所の担当者に連絡した。事業所のスタッフからはジョブコーチの菊地さんにもう一度しっかり話を聞いてもらうようにすすめられた。

　「その時のことはよく覚えています」と菊地さん。

　「青木さんの話を聞いてみると、自分は職場の中でも年上の部類になり、先輩にあたる年下のスタッフと気軽に話すことができない、それが

悩みとのことでした」

　菊地さんはスタッフ一人ひとりの年齢や特徴を一覧にして、青木さんに渡した。そして、一覧の中の青木さんと年齢が近く話をしやすそうな人を示して、この人に話しかけてみたらどうか、とアドバイスをした。

　同年代のスタッフとの会話をきっかけに、青木さんは徐々に他のスタッフとも話ができるようになっていった。同時に効率良く仕事も進められるようになった。

　「一生懸命仕事をしていると、若いスタッフの方が自分に声をかけてくれるようになりました。うれしかったです。今では他部署の人たちとも交流を持っています」と青木さんは振り返る。

　「青木さんは、恥ずかしがり屋ではありますが、もともとは多くの人と気さくに話ができるタイプだと感じていました。きっかけが大事だと思い、どんな仲間がいるのかがわかる一覧表づくりから始めて“スモールステップ”を意識して徐々に周囲とコミュニケーションを図ってもらえるよう、環境づくりに取り組みました」と菊地さん。この細かな菊地さんの対応は、前職である福祉現場で培われてきたものであるに違いない。

「家計簿」大作戦

　青木さんはビームスに入社した年に、B型事業所の同僚だった女性と結婚をする。

　家庭を持ち、仕事や同僚との関係に慣れてきたが、それでも気分の浮き沈みがあり、仕事を休んでしまうこともあった。そんなとき、菊地さんは青木さんに「家計簿」をつけることを提案した。

　「私が休みがちになっていたときに、菊地さんから『家計簿をつけてみたら』と言われました。私は結婚当初から家計のことには全く興味がなくて、我が家はどのくらいの収入・支出があって、貯金がどのくらいあるのか全く知りませんでした」と青木さん。

菊地さんのアドバイスに従って、家計簿をつけてみると、我が家の家計はかなり厳しいことに気づき「少々のことで休んではいられない」と思ったという。

　新婚の青木さんが仕事のモチベーションを保つのには、この「家計簿大作戦」が一番効果があるのではないかと、青木さんからそれまで聞いていた家庭内の話から、菊地さんはそう考えたのだ。

　「確かにそれ以降、『落ち込んだので休みます』と連絡してくることがなくなりました(笑)。これも、菊地の熱心な傾聴から生まれたものでしょう」と辻さん。

次第に芽生え始めた「ビームス愛」

　青木さんの現在の業務は、ロジスティクスセンターにおける検品作業。衣類、小物グッズ、靴など荷受けされた商品の数量のチェック、仕分け、タグ付け作業等を行っている。1日に数百点の商品の検品をこなす。

　ビームスが取り扱っているアイテムは多岐にわたり、メーカーなどによってそれぞれ作業の手順などが異なり、きめ細かさも要求される。

　仕事は大変だが、休日にビームスの店舗に行って、自分がかかわった商品が陳列されているのを見ることを青木さんは楽しみにしている。

　「店頭で商品をながめていると『よくやったなあ』と充実感がわいてくるんです」と笑う。

　入社以前はビームスのことをほとんど知らなかった青木さんだが、仕事を一生懸命やっているうち次第に「ビームス愛」が生まれてきたという。そして、「入社して1年目、自分へのごほうびとしてビームスで、かっこいい帽子を買いました。今でも大切に身に着けています」と自慢げに語る。

新規事業の企画書を提出

青木さんは、就労支援事業所で培った清掃の技術をビームスでも活かしたい、と希望している。仕事上の「夢」を次のように語る。

「3人くらいの清掃チームを編成し、開店前の早朝に専用の車で都内の各店舗を巡回して、お店をピカピカにきれいにするんです。それが私の今の仕事に関する夢です。清掃チームはビームスのロゴが入ったおしゃれでかっこいいユニフォームを着ます。そのデザインもすでに考えています（笑）」

辻さんは「ロジスティクス本部で清掃業務を立ち上げたい」という趣旨の企画書をすでに青木さんから受け取っているという。

「現在、日常の清掃作業は外部の業者に委託しているのですが、我々物流支援部が中心になって清掃を担当し、店舗やオフィスに対して新たな後方支援を行おう、というのが青木さんの企画です。青木さんが清掃チームのマネジャーになる日も遠いことではないかもしれません」

宣伝広報統括本部の山村さんは、「まさに今のお話は『ビームスらしさ』を表しています。弊社では新規事業の提案を直営店・フランチャイズにかかわらず、ビームスのスタッフとして働くアルバイトも含めたすべての従業員に対して求めています。ビームスが個性的な社員の集団であることの利点を具体的に活用しようという取り組みです。全国から多くのアイデアが集まってきており、青木さんの提案も貴重なアイデアの1つです」と話す。

「自分の良いところを伸ばしてくれる会社です」

青木さんにとってビームスとはどんな会社かお聞きした。

「社員一人ひとりの長所を見てくれる会社。私は自己主張することが苦手なのですが、ビームスでは大きな声でアピールすることができます。

自分の良いところを伸ばしてくれる会社なんです。自分のもつ障害ともしっかり向き合いながら、この会社で期待に応えられるよう長く働き続けて、しっかりと生活をしていきたい」と語り、最後に次のような言葉を付け加えた。

「いつか、2人の兄に胸を張って今の自分の仕事について報告できるように努力したいと思います」

「多様性」や「個性」を常に社員に求めるビームスの企業哲学、その理念をしっかりと受け止めて部下と共有するマネジャー、福祉職の経験をベースにしながら障害をもつ人の企業人としての自立を自分事として考える支援者の存在が、青木さんの未来を夢のある明るいものにしてくれている。

（2019年3月取材）

左から　菊地さん、青木さん、辻さん、山村さん

人情味あふれる下町気風が醸成させる 双方向のコミュニケーション

■会社概要

株式会社黒ばら本舗

本社	東京都墨田区
事業内容	化粧品および、医薬部外品の製造・販売
創業	1923 年 11 月
従業員数	51 人
雇用障害者数	2 人

（2021 年 5 月現在）

　東京の下町、墨田区本所で創業された化粧品の製造販売を営む黒ばら本舗。椿油を原料としたシャンプーをはじめ、自然が作り出した天然成分にこだわったスキンケア、ボディケア商品で知られ、ナチュラル志向の人々に深く支持されている。

　下町の人情に支えられた、だれに対しても優しく、ちょっとおせっかいで人間味あふれる障害者雇用の実際について、総務課長菅井隆さん、顧問（前工場長）宮崎八吉さん、当事者の穂積重光さんにお話を伺った。

「下町のおせっかい気質」の社風に支えられて

　黒ばら本舗は、大正 12（1923）年に東京市本所区中之郷原庭町（現　墨田区本所）で創業された化粧品の製造販売を行う老舗の企業。椿油、シャンプー、ヘアクリーム、ヘアミルク、集中補修美容液などがメイン商品。米ぬかの洗顔フォームやアロエやヘチマを使った化粧水、ローズを用い

44

たオイルなど植物由来の「人にやさしい」自然派素材の商品で知られる。

　障害者雇用を担当する総務課長の菅井降さんは15年間営業部門を担当した後、2017年より障害者雇用の担当部署である総務課に配属になった。

　障害のある人の受け入れ、定着について特別な知識を持っているわけではありません、と笑いながら語る菅井さん。東京の下町に社を構えて100年近く、黒ばら本舗には、だれに対しても優しくておせっかいという下町気質の社風がしみ込んでいる。障害があるからとその人を特別視するような空気も元々ないという。

　「とにかく、わが社は家庭的な雰囲気が特徴です。例えば、年末の繁忙期に役員が現場に訪れて『重そうだね』などと荷物運びを手伝おうとしても『あ、そこ触らないで』とスタッフが言えるような雰囲気です」と語る菅井さんに、職場でのかかわりから障害のある社員に対して率直に感じていることについて聞いてみた。

　「強いて言えば、とにかくまじめ。尊敬するほどまじめです」。障害のある人を特別視するつもりはないのですが、という前置きをつけてそう答えてくれた。それが、共に働く経験によって実感している菅井さんの「障害者観」とのことだった。

「戦力になる、よかった」

　宮崎八吉さんは、長く工場長を務めてきた。現在は顧問として工場内のさまざまなパートのサポートを行っている。障害当事者で自閉スペクトラム症の穂積重光さんとは研修段階からかかわりを持ち、指導を行った。

　宮崎さんも菅井さん同様、障害については特に意識することはなかったという。

　宮崎さんの穂積さんに対する第一印象も、「まったく、無駄口をたたかない。まじめ」というもの。そして「体力もありそうで、戦力になる

人間が来てくれて、良かった！」そう思った。

2年前に自閉スペクトラム症と診断

　穂積重光さんは千葉県市川市生まれの31歳（取材当時）。穂積さんは次のように、自身について語ってくれた。

　障害は自閉スペクトラム症、診断されたのは2年前。学生時代から自分の考えはすべて正しく絶対と思い、友人とは軋轢（あつれき）が生まれてしまいがちだった。自分と考え方が合わない人に対しては、その人を理不尽としか思えなくなってしまい、喧嘩になることがよくあった。

　高校は校則が厳しいことで知られている私立校に進学したが、それが苦に感じることはなかった。人にはまじめだといわれたが、ただ「学校に行きたくないという発想が浮かばなかっただけのこと」と思っている。

　小学校の頃から本を読んだり文章を書いたりするのが好きで小説家になるのが夢だったが、大学は理系の学部に入学、生命科学を専攻した。

　小さいころからの夢を捨て切れずに、大学を2年で中退、作家を養成する専門学校に通うことを決めた。すべて両親には内緒でことを進めたが、専門学校から自宅に届いた入学案内の郵便物が見つかり、家族の知るところとなる。

　予想していたとおり両親からは強く反対された。自分は言葉で気持ちを伝えるのが苦手なので、手紙を書いて両親に渡した。それを読んだ両親は渋々ながら納得をしてくれた。

　そこまでの話を聞いて、宮崎さんは、「もし自分が父親の立場だったら、とても納得ができないと思う。穂積君が選んだ道を認めてくれたご両親は、とても理解のあるやさしくて愛情の深い人なんだと思う。もちろん、穂積君自身が素直でまじめな子、ということもあるんだろうけれど」と、我が子を見るようなまなざしを穂積さんに向けた。

７年続いた一人きりの「就活」

　その後、専門学校に通う２年間、穂積さんは運送会社でアルバイトをする。卒業前に就職活動を行ったが、思うような結果が出ず、そのままアルバイトを続け、専門学校卒業後は、その運送会社の契約社員となった。

　１か月半ほどしたとき、父親から一度けじめをつけて退職してきちんと就職活動をしたらどうか、と勧められた。自分でもそのときの状態が「ずるずるきてしまった」と感じていた穂積さんは、父親の提案どおり運送会社を退職する。その後、自分でも想像していなかった「就職活動」が始まることになる。

　「運送会社は退職しましたが、そのときは就職活動そのものに興味を失っていて…。かといって、両親に逆らうことは考えられなかったので、毎日、朝になると決まった時間にハローワークに行ってくると言って家を出て、時間をつぶして帰宅するということを続けました。風邪をひいたとき以外は、ほとんど毎日出かけました」

　気がついたら７年の月日が経過していた。そんなある日、これだけ熱心にハローワークに通っていて、その成果はどうなっているのかと父親に問われた。それがきっかけとなって、穂積さんは実際にハローワークに行くことを決心する。

　一人ぼっちの「就活」時、電車の車窓からぼんやり外を眺めていて、いつも目に入っていたのが「ハローワーク墨田」だった。意を決して「ハローワーク墨田」に出向いてみた。担当者は熱心に話を聞いてくれた。そこで障害者枠で就職を考えたらどうか、と勧められた。それより以前、心療内科に通った経験はあったが、自分が精神的な疾患をもっているという自覚はなかった。助言どおり診察を受けたところ、自閉スペクトラム症の診断が告げられた。２年前のことである。

　自分が障害者であること、また障害者枠で働くということに対して抵

抗感はなかったのか、尋ねてみた。

「自宅にひきこもることもできないし、とにかく自分の居場所を見つけたいとそのときは必死でした。自閉スペクトラム症という診断に対してもそれほどの違和感もなかったし、その後ハローワークで紹介された就労継続事業所の雰囲気も気に入っていたので、逆に『よかった』と思う方が先でした」

7年間の一人きりの辛く長い時間への思いを表す言葉のようにも思えてくる。

「安心できる職場です」

穂積さんは就労継続支援B型事業所から黒ばら本舗を紹介され、研修を経て入社する。その研修が宮崎さんとの最初の出会いだった。

「ここは下町なのでみんな言葉づかいが荒く、べらんめえ調。穂積さん、最初は驚いたんじゃないかな。実際に地方から来た人は、なんだか怒られているみたい、と東京の下町言葉にびっくりするんです」と宮崎さん。

「私は、そういうことは全然気にならないタイプです。本当にいい雰囲気だな、と思いました」。穂積さんが穏やかに答える。

穂積さんが所属する職場は、女性が12人、男性4人。総務課長の菅井さんとしては、年上の女性がほとんどで、同年代の仲間もほとんどおらず職場内のコミュニケーションについて案じる部分もあったという。

「みなさん優しくて、そして話し好きです。和やかな雰囲気で、とても安心できる職場だと思っています。まったくの本音です」と穂積さんは笑う。

作業のスピードアップを

穂積さんは、工場で商品の充填包装の作業を中心に出荷、配送にかか

わる作業を担当している。

　黒ばら本舗に就職して2か月（取材当時）、穂積さんに仕事に関する自身の課題について聞いてみた。

　「そうですね。自分としては、作業のスピードアップを図りたいです。定番商品以外にもキャンペーン品や試供品、新製品などがあり、自分が担当している梱包についてもさまざまなパターンがあります。これについては、1つひとつしっかりとマニュアル化することが必要だと思います。今は自分の作業用の一覧表を作るなどの工夫をしているところです」と穂積さんは言う。

　「商品の形態が新しくなったり、季節ごとのキャンペーン商品など、梱包作業は常に新たな対応が求められます。穂積さんは自分なりの一覧表を作り、ミスがないように作業をしてくれていますが、次の段階として、工場の担当者全員が使用できるマニュアルも作ってもらいたいですね」と宮崎さんは提案する。

　段階的に必要なことを発見し、そこに工夫を重ねていくことが楽しいという穂積さんは、この宮崎さんの提案に対して、「まだ少し整理が必要なので、もう少し手を加えてから提案します」と応じる。

　菅井さんも「それ、ぜひともお願いしますね」と続ける。

　入社2か月の社員とベテランの上司とでこのような打ち解けた会話が弾むのは、下町で育まれたアットホームな空気ならではと思えてくる。

息子のように感じている

　インタビューの最後、宮崎さんと菅井さんに穂積さんへのメッセージをお願いした。

　「職場に対する要望や希望があったら、腹にため込まないで何でも話してほしい。黒ばら本舗に長く勤めたいと思ったら、なんでも遠慮しないで伝えてほしいですね。自分は年代的にも穂積さんを息子のように感

じているので、町内のおじさんに声をかけるようにしてもらえたらうれしいです」（宮崎さん）

　「私も同様です。業務のことはもちろん、お昼の弁当のことでもなんでも、提案があったら伝えてほしいです。こちらからも長く穂積さんに黒ばら本舗で仕事を続けてもらうために、いろいろと声掛けを続けさせてもらいます」（菅井さん）

　「ありがとうございます。皆さんに受け入れてもらえて本当に感謝しています」と穂積さんは照れくさそうに小さくうなずいた。

（2019年4月取材）

左から　宮崎さん、穂積さん、菅井さん

認め合い、適切な評価制度で成長を続け、グループ内の存在感を高める特例子会社

■会社概要

第一生命チャレンジド株式会社

本社　　　　　東京都北区

事業内容　　　主として第一生命保険株式会社より委託された業務を営む
①印刷業務、②書類の作成・発送業務、③事務補助業務、
④清掃業務、⑤喫茶業務

創業　　　　　2006 年 8 月

従業員数　　　371 人

雇用障害者数　271 人

（2021 年 4 月現在）

　第一生命グループの特例子会社として 2006 年に創業した第一生命チャレンジド。

　「任される（任せる）」「チャレンジできる」企業風土のなか、職場内での「認め合う」「支え合う」をキーワードに、特例子会社としてのグループ内における存在感を高めている。

　当事者で豊洲事業部トレーナーの御簾納雄一さん、御簾納さんと同じ豊洲事業部で、リーダーを務める古谷佐和さん、第一生命チャレンジド創業時から人材の育成にかかわるダイバーシティ推進室・課長 齊藤朋実さんの 3 人にお話を伺った。

成長のカギは、親会社との情報共有

第一生命チャレンジドは、第一生命の特例子会社として2006年に社員10人でスタートした。2021年4月1日現在、従業員数371人（うち障害者271人）と成長を遂げている。

「第一生命チャレンジドの特徴は『任される（任せる）』『チャレンジできる』『認め合う』『支え合う』のキーワードに集約されます。親会社との直接のかかわりを広い範囲で持っていることもあげられます」。創業時から人材開発にかかわり、同社マーケット推進室長の齊藤朋実さんはそう語る。親会社の第一生命は身体障害者の雇用に力を入れており、第一生命チャレンジドは知的障害者、精神障害者の雇用を進めるという役割分担もあるという。

「障害者雇用の採用、定着について両社の連携が重要になってきます。お互いの情報交換は障害者の雇用にとってはなくてはならないものととらえ、活発な交流が行われています」親会社と子会社の関係を超えた「認め合う」「支え合う」関係性がうかがえる。

注目される職位制度

齊藤さんの所属するマーケット推進室は、障害のある社員の活躍状況などを親会社をはじめとした社外への発信、障害者雇用に関する事例研究や見学の受け入れ等を行っている。社内外からの注目度が高いものに2011年に設定された職位制度があるという。

「第一生命チャレンジドは障害のある社員とない社員が共に認め合い、支え合うということを企業哲学としており、障害のあるなしにかかわらず同じラインでステップアップしていく職位制度が構築されています。関係者の多くの方々に注目していただいています」と齊藤さん。

このシステムができる以前は、障害のある社員が現場の業務を行い、

健常な社員は管理を行うという業務分担が存在していたが、この職位制度が導入されてからは、その線引きは徐々に解消されていったという。第一生命チャレンジドの成長の背景には「認め合う」「支え合う」の企業理念が具現化された、この職位制度が大きく位置づけられる。

第一生命チャレンジドの職位制度

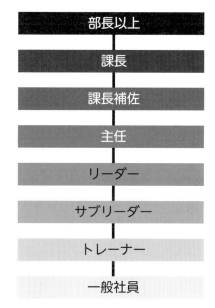

| 部長以上 |
| 課長 |
| 課長補佐 |
| 主任 |
| リーダー |
| サブリーダー |
| トレーナー |
| 一般社員 |

共に働くことによって深まった障害への理解

「私自身も"共に認め合うこと"の実践によって新しい視点をもつことができました」と語る齊藤さんは、福祉施設から第一生命チャレンジドへ転職した経験をもつ。

　福祉系の大学を卒業し、精神障害者の授産施設の職員となった。その施設で常に感じていたのが「利用者」と「支援者」との関係性。すべてにおいてこの2つに分類されてしまう世界に身をおき、齊藤さんは違和感を覚えていたという。そこにいるものが常に、支える側と支えられる側に分けられている居心地の悪さといえる。

　「だれでも様々な軋轢（あつれき）や障害の中で生きています。共に助け合いながらも、あるときにはそれらを自分自身の力で解決していき、そして成長していくのが私たちの社会的な権利でもあると思っています。かつて私のいたステレオタイプな福祉の世界では、障害のある人が、自分自身で克服できそうな障害までもすべて取り除いてしまうことが多くありました」と齊藤さんは語る。

　障害のある人もしっかりと社会人として生きていくことは当然のことだし、働くことは社会と接点を持つことでもある。障害のある人の居場所として「働く場」の環境は、まだまだ整えられる必要があるのではないか。自分が学んだ社会福祉が役立つのは、障害者雇用の現場ではないか、という思いを齊藤さんは、強くしていった。

　第一生命チャレンジドの創業と共に転職、一人の企業人として障害のある人と共に働く機会を得ることになった。

　「頭の中ではわかっていたつもりだったんですが、企業という枠組みの中で障害のある人と一緒に仕事をする中で、初めて気づかされることが無数にありました」と齊藤さんは入社当時を振り返る。

　福祉施設の中では得られなかった様々な「気づき」を得ることで、あらためて「共生」という言葉の理解に近づくことができたという。

　「様々な立場の人がいるからこそ組織としての成長があることを実感しています。"多様性"の意味を肌で感じる日々です」と齊藤さんは言う。

「共生社会」の実感的理解

　豊洲事業部でリーダーを務める入社6年目（取材当時）の古谷佐和さんも齊藤さん同様、大学での専攻は社会福祉学だった。

　大学の講座に「共生社会の理解」があった。その講義で特例子会社の存在を知った。障害者施設への就職が内定していたが、社会勉強のつもりで第一生命チャレンジドのインターシップにエントリーした。そこで古谷さんにとって大きな転機となる経験をすることになる。

　「緊張していたせいもあって、与えられた仕事がうまくこなせず、何回か失敗を繰り返してしまい落ち込んでいました。すると、障害のある社員の方が私を助けてくれたんです」。それは古谷さんの"障害者観"に変化を与える大きな出来事だった。

　「社員がインターンを補助することは、当たり前なのかもしれません

が、私の中ではとても意味のある経験でした。授業で学び理解していたつもりの『共生社会』の意味がその時初めてわかったような気がしました」と古谷さん。

「この職場は、きっと自分自身を成長させてくれるだろう、と思いました」

内定していた障害者施設を辞退し、第一生命チャレンジドへの入社を決めた。

現場における喜びの共有

古谷さんはリーダーとして業務の指導や目標管理、採用に伴う実習、支援機関との調整などを行っている。今、古谷さんが一番心がけているのは社員との目標の共有。

担当する障害のある社員の希望や業務への思いをリーダーとしてしっかりと把握した上で、障害特性も考慮してそれぞれの目標設定を行うように心がけている。

「はじめから社員の可能性を従来の仕事の枠の中に閉じ込めてしまわないように注意しています。企業人として同じゴールに向かい、より高い目標設定を掲げることを目指しています」と話す古谷さんがうれしく感じるのは、業務を受託している親会社である第一生命の担当者から「期待以上の仕事をしてくれました」という評価をもらうときだという。

「さらに、こんな仕事もお願いしたいのだけれど」と担当の部署から相談を持ちかけられたきは、この仕事に就いて良かった！と心の底からうれしく思う。

障害者雇用の現場でありがちな「この仕事をやらせてあげる」ではなく、「この仕事をお願いしたい」という言葉に触れたとき、古谷さんはこの上ない充実感に包まれるという。

32歳で障害者手帳を取得

　当事者である御簾納雄一さんは2012年に第一生命チャレンジドに入社し、現在、古谷さんと同じ豊洲事業部でトレーナーを務めている。

　御簾納さんが入社までの道のりを語ってくれた。

　大学で日本文学を専攻。勉強はかなりまじめに取り組んだと自負しているが、就職活動で挫折。就職を果たせないまま大学を卒業、会計関係の専門学校に1年間通った。簿記の資格を取得し、経理補助の契約で一般企業に入社、正社員を目指した。しかし、上司や同僚とのコミュニケーションがうまく取れずに9か月でその会社を退社する。

　その後は、食品メーカーに事務職として入社したが、そこは、社員間の競争がとても激しい会社だった。職場内で怒号が飛び交うようなことが日常的にあった。性格的にとうてい適応できるような職場環境ではなく、体調を崩してしまった。そのとき、初めて精神科の治療を受けたが、具体的な診断には至らなかった。3年間はなんとかその会社で仕事を続けたが、精神的にも肉体的にも持ちこたえられなくなり結局退職。

　それ以降、いくつかの企業に就職するも長続きせず転職を繰り返す。能力のなさが原因だと自分を責めることが多くなり、徐々に自信を喪失していった。さらに体調を崩し、就職活動をあきらめて自宅でパソコン入力などの内職を続け、1年間が経過した。

　なんとか体調も回復し、就職活動を再開しようと外出した矢先、今度は周囲の雑音が気になって屋外に出られない状況に自分がなっていることに気づいた。精神科を受診、ストレスによる不安障害と診断された。定期的に治療を受け、なんとか外出が可能となる。

　再び就活を始めようと、就労支援センターに相談に行ったところ、担当者から、精神障害者保健福祉手帳の取得を勧められた。32歳のときのことだった。そして、支援センターの紹介で第一生命チャレンジドに入社。

以上が御簾納さんが語った入社までの道のりだが、32歳という年齢で障害者手帳を取得し、障害者枠で仕事をすることへの思いについて尋ねてみた。

　「障害者手帳を取得することに抵抗はありませんでした。実は入社にあたって、担当医に対人関係、コミュニケーションへの不安も訴えたところ、不安障害に重ねて発達障害があるとの診断を受けました。発達障害の診断を受けて、なぜか自分自身に興味がわいてきました」。御簾納さんはそれ以降、発達障害に関する専門書を読みあさった。

　もともと物事を深く追求し、理解していくことが好きだという御簾納さんは、自らの障害に対する知識を深めることで、自分自身が抱える現実を前向きにとらえられるようになっていったという。

　障害者枠で仕事をすることについて御簾納さんは「不安はなかったけれど特別支援学校を卒業した方と同期の新入社員となることについて、正直言うと複雑な思いを持っていました」と話す。しかし、自分自身の障害に対する理解を深めていく中で、他の人の障害も気にはならなくなり、いつのまにか「複雑な思い」も消えていったという。障害者手帳の取得は、自分の最大の課題であった対人関係の悩みとも向き合えるきっかけを与えてくれたと今ではとらえている。

日常の仕事の中でその人を知ってほしい

　入社5年目の2016年に、御簾納さんはトレーナーに昇進した。現在、新人のシフト管理や仕事の進捗状況の把握、さらに、就労支援センターとも連携を図り新入社員の面接などを行っている。

　「弊社には社内見学を希望する他企業の方も多く、御簾納さんにはその窓口も担当してもらっています。障害者雇用に関する研修会などの講師も務め、先日は、サービス管理責任者100人を対象にした研修会で、当事者の立場で話をしてもらいました」（齊藤さん）

　「あれほど多くの人の前で話すことは初めてなのでとても緊張しました。講演内容は、準備した原稿どおり、アドリブは一切なしでした（笑）」と明るく話す御簾納さんに、「原稿」の内容を尋ねてみた。

　「ひとことで言うと、私は普段 “自分が障害者である” と意識して行動しているわけではないという内容です。障害者だからと、その部分に配慮されすぎると逆にお互いの間に壁を作ってしまうことになるかもしれない、ということをお話ししました」

　御簾納さん自身、自分の障害を周囲の人に理解してもらうことではなく、職場でのかかわりの中で、自分の特性を理解してもらえるよう努力しているという。

認め合うことで生まれる力

　現在、トレーナーを務める御簾納さんの目標は、サブリーダーとなって、リーダーを支える役割を務めること。

　「早く、古谷さんのサポートができるようになりたいです。そのために、古谷さんをはじめ自分にかかわっていただいた多くのリーダーの方の良い部分をたくさん吸収して、今まで以上に質の高い仕事にチャレンジしていきたいと思っています」と力強く語る。

　「御簾納さんの静かに職場の環境に気を配りながら、周りの社員に温かく接する仕事ぶりにとても助けられています。私の気づかないところもしっかりとフォローをしてくれています」。古谷さんがそう評価する。

　お互いを認め合うことで生まれる力、その力がそれぞれのステップアップに結びつき、やがて企業を成長させる力となる、障害者雇用の持つ支え合いのパワーを感じさせるやりとりだった。

（2019 年 5 月取材）

左から　古谷さん、御簾納さん、齊藤さん

わがまちの居酒屋と就労継続支援B型事業所との連携で、当事者のコミュニケーション力を広げる

■会社概要

特定非営利活動法人（NPO法人）カラフル・コネクターズ

所在地	東京都墨田区
事業内容	障害者総合支援法に基づく就労継続支援B型サービス事業
設立	2014年9月（東京都認証）

居酒屋「結」

所在地	東京都品川区　戸越銀座商店街

　就労継続支援B型事業所カラフル・コネクターズ（通称「カラコネオフィス」）は、地域の人に「わがまちの居酒屋」として愛されている東京都品川区・戸越銀座の「結」と連携し、人材育成活動を実践している。

　「人・もの・街をつなげる」をキーワードに行われる障害者雇用における就労支援の新しい可能性について、本書の共著者で「カラコネオフィス」代表ボーン・クロイドさん、そこで支援を受ける当事者の小谷友哉さん、提携している居酒屋「結」の経営者、荒井斉さんにお話を伺った。

自己PRができない

　小谷友哉さんは1997年生まれ、2019年1月から就労継続支援B型事業所「カラコネオフィス」で銭湯の清掃作業を担当しながら、週に2回東京都品川区の商店街・戸越銀座の居酒屋「結（ゆい）」に出張、開店前の2時間、店内の清掃業務を行っている。

希望の大学への進学がかなわなかった小谷さんは、高校卒業後、派遣社員としての仕事をしながら、就職活動を続けたがうまくいかなかった。自分の思いを周囲の人に伝えるのが苦手で、面接の際に自己PR等ができずにいた。相談に行ったハローワークの担当者にも自らの希望をうまく伝えられなかった。

　小谷さんのそんな様子からハローワークの担当者に、一般雇用ではなく障害者枠での就職を考えてみたらどうかと勧められた。

　「少し遠回りになるかもしれないな」と思いながらも、担当者の真摯な対応もあったため、小谷さんはその提案に向き合おうと考えた。

　「その時の自分の決断は正しかったと思います。良いチャンスをいただけた、と今では受け止めています。仮にそのとき、一般雇用で就職できたとしても、きっと人間関係の壁にぶつかって苦労していたと思います」

　区の「心の相談窓口」に家族から連絡をしてもらい、小谷さんは心療内科を受診した。不安障害と自閉スペクトラム症という診断を受けた。

　「医師が説明する症状の多くが自分にあてはまったので、素直にその診断を受け入れることができました。1つひとつの説明に『ああ、そうなんだ』と妙に納得している自分がいました」

　障害者手帳を取得することについても特に抵抗は感じなかった。

支援機関が努力する

　ハローワークの窓口が障害者雇用の担当に変わった。そこで複数の支援機関を挙げられ「あなたに合うと思う事業所をあなた自身で選んでください」と言われた。

　候補の1つとして選んだ支援機関が「カラコネオフィス」だった。

　「電話で見学を申し込んだ際、責任者のボーンさんが直接電話口に出られて、いろいろとお話を聞いてもらうことができました。話している

うちに "この人なら自分自身のことについて素直に相談することができそうだ" と直感しました」

　その後ボーンさんと面談した小谷さんは、「カラコネオフィス」の利用を決めた。ハローワークの担当者の指示どおり、自分自身で支援機関を決めることができた。

　ボーンさんは、支援機関が支援する人を選ぶのではなく、利用者に選んでもらえるよう努力することが大切だと言う。

　「相談、見学にいらっしゃる方の対応は必ず私が担当します。仕事の内容はもちろん、朝礼やラジオ体操なども含めて事業所の雰囲気がはっきりとわかるように説明します」とボーンさんは語る。

　「利用者から選んでもらえないことには、経営が成り立ちません。我々が事業所の魅力を利用者に伝える努力をするのは当然のことです。利用者が抱える課題と、私たちが提供できるサービスが一致するかどうかを誠実に判断していきます」

　仮に両者のマッチングに無理がありそうな場合は、他の機関につなげる努力も怠らないという。

　ボーンさんのこの姿勢が小谷さんの直感を導いたのだろう。

大切なのは人との出会い

　面談によってボーンさんが把握した小谷さんの希望は、将来的には一般雇用の枠での就労を目指したい、しかも、2020年4月までに実現させたいというものだった。

　「2020年4月」は、大学に進学した高校の同級生たちが就職する時期だ。はっきりと口には出さなかったが、小谷さんは2020年4月に再び彼らと同じスタートラインに立とうと考えているに違いないと、ボーンさんは考えた。

その希望に向かって進むためにボーンさんが示した方針は、「様々な人との出会い」に焦点を当てたものだった。年齢が若く社会的な経験の少ない小谷さんに必要なのは、まずは多くの人との出会いと考えたのだ。

商店街と支援機関の連携

ボーンさんは、かねてから商店街と提携して地域密着型の就労支援を実現したいと考えていた。障害者雇用といえば大企業が担うもの、という印象をもたれがちだが、最近では従業員100人以下の中小企業からも雇用の希望が寄せられることが多い。大企業とは違った関係が企業と支援機関との間で新たに築かれ始めている。

支援機関と地域の商店街との連係が深まれば、地域密着型の新しい形の障害者の就労支援が展開できるはずとボーンさんは期待を寄せていた。

そんな折、知り合いから、居酒屋の店主が開店前の清掃業務の働き手を必要としているという連絡が入る。しかも戸越銀座という都内でも有数な規模の商店街にある店だった。

この情報と小谷さんの支援のタイミングとがぴったりと重なった。地域に密着した居酒屋は、「さまざまな人との出会い」を経験するのにふさわしい環境だ。

さらに、身近な家族のような感覚で小谷さんと付き合ってくれる店主であれば、社会は様々な人がいて成り立っていることを若い小谷さんに感じてもらえるのではないかとも考えた。

そして、その居酒屋の店主はボーンさんが考えたとおりのキャラクターだった。

「多少の具合の悪さはだれでも抱えている」

　東京都品川区・戸越銀座は全長 1.3 km、100 年近い歴史を持つ商店街で、メディアで取り上げられることも多い。品川区内で長い間居酒屋を経営してきた荒井斉さんは、6 年前に区内の戸越銀座に店を移し、居酒屋「結」をオープンした。荒井さんの手による料理と温かい人柄にひかれて多くの常連客が集ってくる。

　営業時間に手伝ってくれるパートタイムのスタッフはいるものの、基本的には荒井さんが一人で店を切り盛りしている。仕入れに追われる開店前に清掃をしてくれるスタッフを長い間探していたが、開店前の限られた時間に作業ができる人材は、簡単には見つからなかった。

　そんな中、ボーンさんから、清掃作業の手伝いをしてくれる人材の連絡が入った。就労継続支援事業所の存在はそれまで知らなかったが、清掃を担当してくれるまじめな若者を紹介してもらえるという。長年の悩みが解消されることに荒井さんの期待が膨らんだ。面接における小谷さんに対する印象は、「期待以上のきちんとした若者」というもので、大満足だった。

　「私からすれば、まじめに掃除をしてくれること、それがすべて。それ以上でもそれ以下でもありません。掃除という作業は実に奥が深くて、人柄も表れます。地味な仕事だけれどコツコツじっくりとやってもらわなければなりません。飲食店は衛生が命、手を抜かれてしまうとそれこそこちらが命取りになります。会って話をしてみて、彼はしっかりやってくれそうだったので、とても安心しました」

　荒井さんはそう振り返り、小谷さんの障害については、「多少の具合の悪さはだれでも抱えているでしょ。大きな問題ではないと思いました」と語った。

「居酒屋のおやじのノリ」

　一方、小谷さんは荒井さんとの最初の出会いについて次のように話す。

　「居酒屋で仕事をすることも初めてでしたし、戸越銀座は僕にとってはなじみのない地域だったので、とても緊張しました。何より店主の荒井さんって、どんな人なんだろうという不安がとても強くありました」

　だが、その不安は一瞬で吹き飛んだ。お互いが顔を合わせた際、荒井さんが小谷さんに「名前は？」と尋ね、小谷さんは緊張で固くなりながらも小声で「小谷友哉（こたにともや）です」と答えた。すると、間髪を入れずに荒井さんは「そうか、じゃあ"トモちゃん"でいいね」と返した。その一言のおかげで小谷さんは「肩の力が抜けて、気持ちがスーッと楽になりました」という。

　「どんなときにも居酒屋のおやじのノリになってしまうんですよ」と荒井さんは笑うが、一日の疲れを癒しに訪れる常連さんとの間で培われてきた"ノリ"が、小谷さんの緊張もしっかりとほぐすことになったのだろう。

「わがまちの居酒屋」で育まれたもの

　インタビュー時、小谷さんが「結」への出張清掃を行うようになってから2か月が経過していた。清掃は3名で行い、小谷さんはリーダーの役割を担っていた。これも小谷さんが一般就労を目指すということを視野に入れたボーンさんの方針の1つだった。

　リーダーという役割について、当初はそれをしっかり果たすことができるのか小谷さんは不安だった。

　しかし、荒井さんの周囲の人との接し方に触れているうちに、いつしか自分もそれを真似ていて、徐々にスタッフとのコミュニケーションも円滑にできるようになった。

「リーダーの役割が果たせてくると、掃除の作業もますます楽しくなってきます。自分自身でも気づいていなかった、自分の中の積極性を荒井さんが引き出してくれたように思います。本当に感謝しています」と小谷さん。

「師弟のようですね」と言うと、荒井さんは少し照れくさそうに「トモちゃんは自分の修業時代を思い起こさせてくれるんです。私も最初の仕事は店の掃除でした。彼の姿を見ていると若いときの自分を見ているような気になるんです」と笑った。

「わがまちの居酒屋」において、ボーンさんの言う「大企業と違ったアットホームな関係」がしっかりと育まれている。

荒井さんとの関係の中から、新たな自分自身の「可能性」に気づいたという小谷さんは、さらにいろいろな出会いを経験し、次のステップである就職活動に結びつけたいと考えている。

「『結』での2か月の経験がなかったらこのような積極的な考え方は生まれなかったと思います」と話す小谷さんを「人との出会いは『一生もの』。トモちゃんもこれからいろいろな出会いを経験し就職も実現させて、そしていつかお客さんとして『結』に戻ってきてほしいな」と荒井さんは、そう言って励ます。

「自分で決めていく力」

コーチがアスリートのパフォーマンスを最大限に引き出そうと「並走者」として寄り添い、そこに「サポーター」も集結してチームが出来上がる。3人の話を聞いていると、そんな光景が浮かんできた。

アスリートは小谷さんでコーチはボーンさん、サポーターは荒井さんである。それぞれの思いが一致し、確かなチームの力が生まれる。障害者雇用における1つの理想的な形を見る思いがした。

そのチーム力を活かしてゴールに向かってテープを切るのはアスリー

ト自身だ。小谷さんは最後に次のように語った。

「ボーンさんの支援、荒井さんとの出会いを大切にしながら、自分にはどのような職種、職場が合っているのか、これから主体的に選べられるように努力をしていきたいと思います。自分の道を進むのは自分自身ですから」

（2019 年 7 月取材）

左より　小谷さん、ボーンさん、荒井さん（居酒屋「結」で）

風通しのよい社風の中で
進められる「現場主義の合理的配慮」

■会社概要

株式会社エム・シーネットワークスジャパン

本社　　　　　東京都港区

事業内容　　　エステティックサロンの経営、衣料品・その他の輸入販売

設立　　　　　1993 年 5 月

従業員数　　　1,408 人

雇用障害者数　21 人

（2021 年 5 月現在）

　国内最大級の美容脱毛に特化したエステサロンとして知られる「銀座カラー」。その経営母体であるエム・シーネットワークスジャパンが取り組む、障害者が楽しくのびのびと働くための「現場主義の合理的配慮」について、経営管理本部人事部で管理者として障害者スタッフの支援を行っている K さんと S さん、当事者の T さんにお話を伺った。

「人を想い、人を助ける仕事」

　エム・シーネットワークスジャパンは 1993 年創業、脱毛サロン「銀座カラー」を首都圏中心に国内 53 店舗、海外に 28 店舗をチェーン展開している。

　障害者雇用は 2015 年から積極的に取り組み始め、人事部カルテチームが障害者雇用の担当部署。カルテとは紙ベースで管理されている銀座

カラーの顧客データの総称。カルテチームでは全店舗から依頼される10万件以上のカルテのデータ化を担当、スキャニングやパソコンへのデータ入力を行い、さらに各店舗で扱う備品や販促品の梱包・発送、伝票処理も担当している。

　カルテチームには障害のある社員である「スタッフ」と、障害のある社員のための環境を整備し、支援を行う「管理者」が在籍している。

　管理者の一人、Kさんは、介護施設から同社に転職した。ケアマネジャー（介護支援専門員）の資格を持ち、高齢者、その家族への相談支援業務も経験した。相談支援の仕事をする中で、介護の世界からさらに広い視野で相談援助の世界にかかわりたいと思うようになった。そんなとき、エム・シーネットワークスジャパンの管理者の求人に触れる機会を得た。

　「ケアマネジャーの仕事で学んだ医療や障害に関する知識が活かせるのではないかと思い、転職を決意しました」とKさん。

　Kさんと同期のSさんは教員免許を持ち、前職は小・中・高校生を対象とする「放課後等デイサービス」を運営する事業所のスタッフとして、発達障害のある児童・生徒の支援に携わっていた。その事業所で高校3年生の支援を担当した。高校生は一般企業への就職を希望していたが、Sさんは障害に理解のある企業を紹介するサポートができなかった。卒業までしっかりと支援しきれなかったことを後悔し、自分の仕事の意味について自問自答を繰り返す日々が続いた。また、このことをきっかけに障害者雇用についても興味を持つようになった。そんなときに同社の管理者募集と出合った。

　Sさんは、同社の募集要項にあった一文に心が動かされたという。資格に関する条件などは特に示されていなかったが、応募の"要件"として「人を想い、人を助ける仕事や活動に携わったことがある人」と記されていた。同社の障害者雇用に対する真摯な姿勢が示されているように感じた。

「大切なこと」を気づかせてくれる職場

　高齢者介護と発達障害の支援の現場での経験を胸に、エム・シーネットワークスジャパンに転職し、新しい形で「人を想い、助ける」仕事に就いた2人だが、障害者雇用の現場に身を置くことで、それぞれに戸惑いと気づきがあった。

　Kさんの、それまでの支援の現場である特別養護老人ホームは高齢者にとって生活の場であり、対象者に対してはプライベートな部分も含めて把握し、サービスの提供をケアマネジャーである自分が中心となって調整していくことが求められた。しかし「共に働く」障害者雇用の現場においては、その支援の内容は大きく異なる。業務のこと、障害や疾患のこと、そしてプライベート…、援助の範囲の線引きに悩むことが多くあった。

　「悩んだ結果、高齢者介護の現場と基本は同様で、一人で抱え込まず、上司であったり、支援機関や、医療職など周囲の方々との連携が大事だということに改めて気づかされました。その気づきによって、前職での経験が現在の仕事に活かせるようになりました」

　一方、放課後等デイサービスの現場で子どもたちの支援を行ってきたSさんは、「この子はADHD（注意欠如・多動性障害）、この子はASD（自閉スペクトラム症）…」と障害の種別に基づいて子どもたちとかかわりがちだったという。それも、「上から目線」であることが多かった。今の現場でそのような姿勢でいたら「人を助ける」ことなど決してできそうにない。管理者という肩書はあるもののスタッフのほとんどは自分より年齢が上。スタッフとどのように向き合えばよいのか、最初はとても不安だった。

　さまざまな経験を持ったスタッフから自分が教えられることも多いなか、Sさんは自らの視点を支援者というよりは、共に働く職場の仲間としてのものへ方向転換した。

「働く仲間としての視点をもつようになってからは、自分が求められているのは、障害や疾患を見つめることが先にあるのではなく、人生観や経験に基づいたその人の全体像を理解すること、理解へ向けて努力することなのだと気づきました。それがスタッフの方の職場での困りごとの支援につながる、と実感しています」

双極性障害と診断され保護入院に

スタッフとしてカルテチームで働くＴさんは、双極性障害があり、精神障害者保健福祉手帳３級を所持している。Ｔさんの高校卒業から同社に入社するまでの道のりは、以下のようなものだ。

高校卒業後、４年間運送関係の仕事をした後に転職。転職先では人間関係がうまくいかず落ち込むことが多くあった。ハイテンションな状態にもなることがあって職場でも気持ちが抑えられなくなり、同僚に大声で話しかけてしまったりした。上司から「態度が悪い」と激しく叱られることもたびたびで「もう死んでしまいたい」と思い、元気がなくなった。何とか自分なりの努力をして、数年間その会社に踏みとどまったが結局退職、その後は転職を繰り返した。どの会社も半年と続かなかった。

ある日、自宅で突然全身のけいれんが止まらなくなり、救急車で病院に搬送された。記憶にはないが、付き添ってくれた母親に後から聞いた話では、救急車の中では躁状態でしゃべり続けていたという。

搬送先の病院で双極性障害と診断され、保護入院となる。入院は半年間続いた。退院後は週２回の訪問看護を受ける。症状が落ち着いてからは地域活動支援センターに通い、ボランティア活動等を行ったりした。2018年８月、担当者から就労先としてエム・シーネットワークスジャパンを紹介され、管理者のＳさんの面接を受けた。仕事の内容や職場の雰囲気がとても良く、実習を行う準備を進めた。同居している母親もとても喜んでくれた。

1年間待ってくれた

　実習が始まる直前、Ｔさんの母親は体調を崩し、末期がんであることが判明した。支援員に相談をして、実習を先送りにしてもらった。だれよりもＴさんの就職を楽しみにしていた母親は2か月後に亡くなった。

　母親と2人暮らしだったＴさんの生活は一変し、再び精神的に不安定な状態に陥った。実習はさらに半年先に延期をしてもらった。最初の面接から9か月が経過した2019年5月、ようやく実習が実現した。一時はエム・シーネットワークスジャパンへの就職をあきらめていたＴさんだが、その後は順調に進み7月に正式に入社となった。

　「Ｓさんから採用という連絡をもらったときは、飛び上がるほどうれしかったです。最初の面接から1年近くも待っていただく形になっていたので、断られてもしかたないと思っていました。本当に感謝しています」と満面の笑みでＴさんは語る。

　「1年間、エム・シーネットワークスジャパンを思い続けてくれたことに、感謝です。私もうれしかったです」とＳさんは応える。

「電子日報」の活用

　現在のＴさんのメインの業務は「カルテ」のスキャニングと入力、各店舗への商材の発送など。それに加えて自主的に空気清浄機の水の入れ替えや、会議室のごみ箱のチェック等も行っている。

　「できることを少しずつ増やしていくように心がけています。でも、過去の経験から、無理をしがちな自分は頑張りすぎて具合が悪くなってしまうこともわかっているので、やりすぎないように心がけています」と言う。

　どのようなことを心がけているのかＴさんに尋ねてみると、「電子日報」の活用だという。

「『電子日報』とはスタッフと管理者の毎日の交換日記のようなものです。半年ほど前から、精神障害のあるスタッフを中心に導入しています。業務内容、体調、今日思ったことなどについてスタッフが『電子日報』に入力をして、その内容に対して管理者が必ず返信をします」とSさんが説明してくれた。

　「電子日報」導入の目的は、スタッフの気持ちを吐き出す場の提供と、管理者がスタッフの業務や体調、メンタル面の状況を把握するためだという。

　言葉ではうまく自分の気持ちを伝えられないけれど、文字であれば表現できるという気分障害のあるスタッフの存在がきっかけとなり、始められた。Tさんも自分の体調に変化があると、細かく「電子日報」に記入している。月に一度の外部の支援員を交えた三者の面談の際にも「電子日報」が活用されている。

スタッフと管理者が見いだした"配慮"を幹部が具体化

　「電子日報」は、管理者が定期的に行っているミーティングの中で、Kさんが上司に提案、導入が実現した。障害者雇用に関する職場環境の整備は、管理者の役割の大きな位置を占めている。もともと上下の風通しの良さが自慢の社風という同社の幹部は、管理者の提案に対して先入観なしに細かいことまで耳を傾けてくれるという。

　「電子日報」のほかにも、スタッフの声が元になり管理者の提案で実現した環境整備がある。周囲の視線が気になるスタッフの希望によるデスク上のパーティションや、聴覚過敏や「自分を責めている声が聞こえる」という幻聴があるスタッフの訴えからの「マッフル」と呼ばれる半個室のカームダウン・スペースの設置などである。

　「そういった物理的な環境に加えて、勤務時間帯、休憩時間、有給休暇などについてもスタッフの障害特性を考慮した"配慮"について提案

するよう上司から求められています。例えば通院が必要な人に対して、通院日に合わせた公休日の設定や、休憩時間の取り方などです。管理者とスタッフのコミュニケーションによって必要な配慮が見いだされ、それを上司が把握することで、働きやすい環境が整いつつあります」。Kさんがエム・シーネットワークスジャパンの新たな自慢として、そう語ってくれた。

困りごとに寄り添う

インタビューの最後にKさんとSさんに、Tさんへのメッセージをお願いした。

「Tさんは、礼儀正しくて仕事に対する姿勢もとてもまじめで、助けられています。ただ、ご本人もおっしゃっているように意気込みすぎてしまうところがあるので、そんなときはリラックスして仕事を楽しんで続けるようにしてほしいと思います。カルテチームの仲間としてお互いに肩の力を抜いて笑顔で仕事をしていきましょうね」(Kさん)

「入社から1か月、Tさんがカルテチームで仕事をしているのが当たり前の風景になっているのがうれしいです。『当たり前を続ける』って本当は大変なことだと思います。Tさんにはこれからも無理をせずにゆっくりと仕事を続けてもらいたいです」(Sさん)

自分の弱いところや困りごとを人に伝えるのはだれでも苦手だと思うけれど、管理者としてチームの中の困りごとに寄り添っていきたいのでなんでも話してほしい、という。これらのメッセージに、Tさんは次のように応える。

「エム・シーネットワークスジャパンは、社員の悩みをしっかりと聞いてくれる雰囲気があるところが魅力です。お2人の言葉にはいつも励まされています。なによりもうれしいのは、私に対して大人の対応をしてくれるところなんです。実習が決まったときに喜んでくれた母親も遠

くから見てくれている気がします。長く勤められるよう努力します」

　働く仲間同士の素朴な“配慮”にあふれる時間がそこに流れていた。

（2019年8月取材）

当事者の夢に寄り添いながら、お互いの成長の実現を目指す

■会社概要

中央労働金庫

所在地	東京都千代田区
事業内容	労働金庫法に基づく預金・融資・為替等の金融業務
設立	1952 年 4 月（2001 年 4 月合併）
常勤役職員数	3,147 人
雇用障害者数	59 人

（2021 年 3 月現在）

　中央労働金庫は、事業活動を通じて社会貢献も果たしていく、という基本理念のもと、2009 年に厚生労働省より受託した精神障害者雇用に関するモデル事業をきっかけに、精神障害者の雇用をスタート。

　精神障害者の雇用については、「ゼロからのスタート」だったという。「当事者が活躍できる職場づくり」の 10 年について、総務人事部（人事部門）次長の虎岩崇さん、総務人事部（労務部門）次長の大石一誠さん、総務人事部（人事部門・ワークサポート）専任指導役で障害者職業生活相談員の山本富子さん、当事者である総務人事部（労務部門）所属の小髙明さんの 4 名にお話をお聞きした。

厚生労働省のモデル事業がきっかけ

　労働金庫は労働金庫法に基づいて労働組合や生活協同組合などの働く仲間が、お互いを助け合うために資金を出し合ってつくった協同組織の金融機関。「ろうきん」として知られ、社会的役割も担う、わが国唯一の「はたらく人の福祉金融機関」としての顔ももつ。

　中央労働金庫は、全国各地で事業展開されている労働金庫のうち、首都圏1都7県の労働金庫が合併して2001年に設立された。

　精神障害者の雇用のスタートは2009年9月、厚生労働省が実施した「精神障害者雇用促進モデル事業」がきっかけだった。精神障害者の雇用の促進に対する意欲はあるものの、経験やノウハウが十分でない企業に、雇用促進のための取り組みを委託し、ノウハウを構築していく事業であった。ニーズは常に声高に叫ばれていたものの、実際にはなかなか実績が上がらずにいた精神障害者の雇用・定着を広く推進していこうという趣旨で展開されたものだ。

　モデル事例を広く周知させ、精神障害者雇用に二の足を踏んでいる事業所の背中を押す役割を果たそうという目的があった。精神障害者が雇用義務の対象となる2018年からさかのぼり9年前のことである。

　中央労働金庫は企画競争を経てこのモデル事業を受託した。そこには「福祉金融機関」としての役割を果たすという意識が働いたと思われる。

　計画は、2年間で6人の精神障害者の雇用と定着を実現させるというものだった。当時はモデル事業の趣旨のとおり「意欲はあるが、障害者雇用に関するノウハウは蓄積されていない」状況だった。

組織として常に職員の不安と向き合う「ワークサポート」

　「本当にゼロからの手探り状態のスタートでした」山本富子さんはモデル事業の担当者に指名されたときのことをそう振り返る。当時は、健

康管理部門に所属しており、障害者雇用の経験は全くなかった。

　事業への体制を整えるためには、まず必要なのは障害者雇用の実際を知ることだと、山本さんはハローワーク、地域の障害者就労支援センター、障害者職業センター、就労移行支援事業所などを訪ねて歩き、短期間で数多くの情報収集をすることに努めた。さらに、精神障害者雇用を実践している先進的な企業を紹介してもらい、実際に現場を見学してまわった。

　「事業に先駆けて山本が行った情報収集、また、訪問先の方々との出会いは、その後の事業推進のための大きな財産となりました」そう語るのは、総務人事部（人事部門）次長で障害者雇用を担当する虎岩崇さん。

　山本さんをはじめとした数名のスタッフが、精力的に現場から得た情報によって、金庫内における障害者雇用の基礎づくりが実現されたということをだれよりも実感している一人だ。

　その代表的なものとして、障害のある職員の雇用を促進するための部門、「ワークサポート」の設置がある。モデル事業受託当時は、金庫内に精神障害のある職員の受け入れに特化した組織は存在しなかった。

　障害のある職員は、みなそれぞれ不安を抱えての就労となる。山本さんたちが見学した企業の多くは、当事者である社員の不安を解消する体制が組織として整えられていた。中央労働金庫においてもそのような部門が当然必要となるであろうと、山本さんらで準備が進められ「ワークサポート」が設置された。

　「ワークサポート」は総務人事部内に組織され、障害のある職員と、業務運営や支援を行うスタッフが所属する。他部署から依頼されるさまざまな業務への対応、障害のある職員に対する支援や環境整備のほか、中央労働金庫内における精神障害者の雇用の理解促進の活動も行う、障害者雇用において、なくてはならない部門である。

「金庫内営業」の日々

　モデル事業の担当に指名されたときは大きなプレッシャーを感じた山本さんだが、精神障害のある人の実習の様子や職場での仕事ぶりに触れるうちに、徐々に不安は解消されていった。大事なことは障害そのものへの対応というよりは、その人のやるべき仕事が用意されているかどうかだということ、つまり一般的な人事の問題と同じなのだ、ととらえられるようになったからである。

　障害や疾患の特性を配慮した仕事を準備することはもちろん重要なことだが、多くの支援機関のアドバイスや現場見学から「その人がやるべき仕事が用意されればうまくいく」と確信した山本さんは本部職員一人ひとりに業務の切り出しを依頼した。また、「ワークサポート」で受けられる仕事をなるべく多くリストアップしようと金庫内を奔走した。

　「あるときは、上司にお願いして部長会議で、複数の部署に直接仕事の切り出しを呼びかけてもらうなど"金庫内営業"の日々が続きました」

　結果、各部署から「本・支店間、部署間の連絡便への対応」「アンケートの入力」「DM の発送」その他、さまざまな仕事が依頼される手はずとなった。

　さらに、中央労働金庫のお客様や役職員から古本を収集し、福祉団体などに寄贈する「エコブック制度」や、使用済みの事務用品を収集し、金庫内の必要な部署に再配布する「事務用品のリユース」など、新たな業務も他の部署とワークサポートとで連携して生み出された。

　支援機関との連携で人材の確保も進み、苦労はあったが仕事の切り出しも実現、「ゼロからのスタート」だった中央労働金庫の精神障害者の雇用は「ワークサポート」を中心に順調に進められていった。その背景には、労働金庫は福祉金融機関であるという職員間の意識が大きく影響していたといってよいだろう。

ステップアップのための配慮

精神障害のある職員は「ワークサポート」に配属され、そこで他部署から依頼された様々な業務を行っているが、次のステップとして、本人の希望とスタッフの意見によっては他部署への異動のチャンスもある。障害のある職員のスキルやモチベーションのアップも期待されるこのシステムは、異動先の部署における障害者雇用の意識を高める役割も果たしている。

「安定した業務が行えるよう、異動先でも仕事の悩みなどが相談できる担当者を手配してもらっています。支援機関の担当者や嘱託精神科医との面談も続けられます」(虎岩さん)。「ワークサポート」以外の部署に、障害のある職員への環境整備が自然と広がっていくことになる。

異動にあたっては、当事者の了解を得た上で事前に「ワークサポート」のスタッフが異動先の部署に職員の疾患、障害の特徴などの説明を行う。山本さんは共通する留意点として、次のようなことを職員に話している。

「指示をする場合は、『なるべくならこうしてください』という曖昧な表現は使わず、『○○をしてください』と伝えてください」

「連絡事項を伝える際は、本人がメモを取っているかどうかの確認をお願いします」

「特に重要な事項については、そのポイントを復唱してもらってください」

コミュニケーションに困難を抱えていることの多い精神疾患のある人に対して、曖昧なやりとりが招くミスを極力未然に防ごうという当事者側に寄り添った配慮だといえる。

「ワークサポート」からの人材を受け入れている総務人事部(労務部門)次長の大石一誠さんも次のように話す。

「『ワークサポート』で活躍していた人材が、自分たちの部署では仕事がしにくいという状況は生み出したくないと、どの職員もそのように

思っています。ただし、思いが強すぎると不自然な気のつかい方に発展してしまうこともあり、その意識のもち方に戸惑うことが正直ありました。山本をはじめとした『ワークサポート』のスタッフによる助言は、職員たちのそんな不安を解消してくれています」

他部署で働いている障害者が体調を崩すようなことがあった場合は、一定期間「ワークサポート」で業務を行い、復調したら配属先に復帰するということも行っており、職場定着に結びついているという。

「働き方改革」の一例として、一般の職場にも応用できるものではないだろうか。

統合失調症発症後、社会とかかわる幸せに満たされる

小髙明さん（1961年生まれ）は「精神障害者雇用促進モデル事業」がスタートした翌年の2010年に中央労働金庫に入庫。30歳を過ぎたころから統合失調症による幻聴などの症状に苦しめられてきた。

小髙さんが語ってくれたご自身のストーリーを紹介したい。

── 子どもの頃の夢からお話しします。乗り物が好きで、船に乗るのがとても好きだったので、船長になるのが私の夢でした。

大きな船で広い海を航海してまわりたいと思っていました。でも船舶免許を取得するには視力がよくなくてはならず、自分は視力が弱いので、残念ながら船長はあきらめました。

高校を卒業し、石油関係の企業に入社、サービスステーションを忙しく走り回る日々を送りました。その後、自動車メーカーに転職。大人になっても乗り物好きは変わっていなかったので、楽しい日々を過ごしていましたが、経験を積んでいくうちに管理の仕事を任されるようになり、残業時間も増えました。

仕事が忙しくなるにつれて体調を崩すことが多くなり、ある日、体が

まったく動かないという状態になってしまいました。それで 5 年間勤めたその会社を退職しました。初めて人生の壁にぶつかったと思いました。

退職後は、あこがれだった一人旅をして、日本中をまわりました。自分に向いている土地と仕事を探す旅でもありました。

北海道へ向かう途中の船で、目の前をクジラの群れが通過していく光景に出会いました。とても感動して、他にもクジラと多く出会える場所はないかと調べた結果、小笠原諸島に行くことに決めました。

小笠原ではたくさんのクジラを見ることができました。島の食堂で働きながら、休みの間はずっとクジラを見ていました。

そんなふうに過ごして 2 年が過ぎた頃、突然幻聴が聴こえてくるようになりました。30 歳のときです。クジラを見ていると、周りからいろいろな声が聴こえてくるのです。

小笠原から実家に戻りましたが、また体が動かなくなるという症状が出るようになりました。両親のもとを訪れていた役所関係の人にそのことを話したところ、一度精神科のクリニックに診てもらったほうがよいとアドバイスしてくれました。

40 歳を過ぎた頃、受診したクリニックで統合失調症の診断を受けました。―

幻聴が始まってから、10 年以上の時間が経過しての統合失調症の診断だ。小髙さんに自分が統合失調症であると知ったときの気持ちについて尋ねてみた。

小髙さんは、幻聴が病気の影響だとは思っていなかったので、そういうことがあるんだと驚かされ、図書館で統合失調症や、処方されたたくさんの薬、精神障害に関することを一生懸命調べたという。そして、自分の病気を理解していくにつれて落ち着きを取り戻していったそうだ。

その後、小髙さんはデイケアを利用しながら、早く仕事に就きたいと

いう思いから、社会適応訓練のため、作業所などに通った。

　就労移行支援事業所で半年間研修を行ったあと、実習を経て中央労働金庫に入庫した。

　以前の仕事と中央労働金庫の仕事とではずいぶんと業務の内容が違いますね、と言うと小髙さんは、「自動車メーカーに勤務していたころ、最寄り駅に『ろうきん』の看板があったのでとても親近感がありました」と笑いながら、10年以上仕事をしていなかったのでとにかく働けることがうれしかった、社会と接点が持てるという安心感で気持ちが満たされて幸せだった、と語る。

周囲がカバーできるミスは、成長につながる

　現在、小髙さんはステップアップのシステムを利用して「ワークサポート」から異動、大石さんの総務人事部（労務部門）で各営業店などから送られてくるデータの入力、保存の業務を担当している。

　「データの送付が遅れている部署には、担当者に対して電話での督促もお願いしています」と大石さん。

　電話のやりとりというのは、お互いの顔が見えないだけに難しいものがあり、当初は小髙さんも躊躇していた。

　「難しいかもしれないとも思いましたが、仮に失敗があっても周囲でカバーできる範囲のものであれば、それはよい方向に向かうと信じています。小髙さんの場合も結果的に担当していただいて正解でした」

　「この部署の仕事にも慣れてきたので、大石次長に相談をして、徐々にではありますが仕事を増やしていただいています。任される仕事が増えるのは、信用されている結果だと受け止めて、充実感をもって仕事をしています」。小髙さんも、そう話す。

お互いの成長を喜び合う職場づくり

　小髙さんから中央労働金庫入庫までの道のりを詳しく聞くのは初めてだったという3人に、感想を伺った。

　虎岩さんは、次のように話す。

　「小さなころから船長さんになりたかった、という話を聞いて小髙さんへの親近感が一段と増しました（笑）。このような経歴があって今の小髙さんがいるということがよくわかり、これからはさらにコミュニケーションを深めることができそうです。他の障害のある職員の方にも、どのような経緯をもって私たちの仲間になったのか、そのストーリーを聞いてみたいです。今後このような機会を職場内でももちたいと思いました」

　「皆さんのお話をお聞きする前に、私たちのことも話さなくてはいけないですね」という山本さんに「そのとおり、楽しい時間になりそう」と虎岩さんは笑う。

　「小髙さんは、行動的でスケジュール管理もご自分でしっかりと行っています。目標に向かって常に黙々と努力されていますが、今日のお話を聞いてその背景がよくわかりました。感動しています」と専任指導役として、小髙さんの仕事ぶりを近くで見てきた山本さんは話す。

　大石さんは、「障害があるなしにかかわらず、働く仲間として、やりがいや達成感、充実感が共有できたら幸せだと思っています。そして、お互いの成長を喜び合う組織でありたいと常に願っています。それには、それぞれの経験や夢を語ることも大切だな、と小髙さんの話をお聞きして感じました。小髙さんのチャレンジ精神にも大いに勇気づけられました」と語ってくれた。

いずれはサポートする側へ

　小髙さんの現在の夢を聞いてみた。

　「これまで私は自分の病気を知るために、精神障害のことを深く学んできました。次の段階として、その知識を十分に活かせるような業務についてみたいです」

　小髙さんに、それは障害者をサポートする役割を中央労働金庫内で果たすということですねと尋ねてみると、ゆっくりとうなずいた。

　「素晴らしいです。当事者の不安や気持ちがよくわかっている方が、その役割を果たすことはとても大事なことです。私もその夢を応援していきたいと思います」と山本さん。

　「ありがとうございます。私も努力を続けたいと思います。船長になる夢にはまだ未練がありますが…」。小髙さんは、いたずらっぽい表情でそう話した。

（2019 年 8 月取材）

左から　山本さん、大石さん、小髙さん、虎岩さん

「従業員も神様」
対等な関係から生まれる「共助」の職場

■会社概要

有限会社まるみ

所在地	東京都杉並区
事業内容	名刺デザイン・製作各種印刷、ホームページ作成など
	情報処理サービス
設立	1996 年 12 月
従業員数	12 人
雇用障害者数	5 人

（2021 年 5 月現在）

　企業の名刺作成を主な業務とするまるみ。「働くうえでの障害や困難があってもチームワークで乗り越え、顧客のために成長する」という経営理念に基づく障害者雇用を実践している。小規模な事業所の事例でありながら、全国の多くの企業から注目を集めている。

　「理解し合い成長し、働きやすい」職場がどのようにつくられてきたのか、取締役社長の三鴨岐子さん、当事者のくみさん、とみさんにお話を伺った。

上場会社の人事担当者も見学に

　まるみは企業向けに名刺、広告物のデザイン、印刷を行っている。現社長の三鴨岐子さんの父親が創業した個人企業だ。三鴨さんは 14 年前に父親から社長を引き継いだ。

　三鴨さんが社長となって採用した第一号の社員がくみさん。くみさん

はハローワークを経由してまるみに入社。統合失調症の診断を受けていたが、入社時にはそれを明かしていなかった。

「申告がなかったので、病気のことを知らぬままでいました。くみさん自身あまり話すことはありませんが、辛いことがたくさんあったと思います」と三鴨さん。

くみさんの障害について知ったのは、三鴨さんの知人が就労移行支援事業所の運営を始め、企業実習の受け入れを依頼されたことがきっかけだった。三鴨さんは障害者雇用の制度などに関する知識がほとんどないまま、知人の頼みを聞いて実習を受け入れはじめた。そんなとき、くみさんから「実は私も…」と自身の障害に関するカミングアウトがあった。

すでに入社から5年が経過しており、くみさんはまるみの重要な戦力となっていた。社長就任とともに自分を支えてきてくれた。我慢していたことが多くあったはずだ。それを思うと「大変なときには、遠慮なく言ってほしい」というくみさんへの三鴨さんの気持ちは、現在でも強いものがある。

そのときを境に、まるみは上場企業の人事担当者も見学に訪れる「障害者雇用を成功させている会社」の顔をもつようになった。9名の社員のうち障害者手帳の所持者は4名である（取材当時）。

「お互いさま」で協力し合う

くみさんは、23歳で統合失調症を発症、勤務していた会社を退職しSST（社会生活技能訓練）を続けながらハローワークで求職活動を続けた。

ある程度症状が落ち着き、ハローワークで紹介されたまるみの面接を受ける。症状が落ち着いていたとはいえ、フルタイムで働くのは難しい状況だったので、面接では「10時から17時、週2日勤務」という条件を提示した。その時の自分の状態で「これなら続けられる」と考えていた条件だった。「だめもと」での提示だった。正直に伝えることが会社

に対するくみさんの誠意でもあった。

　面接の翌日、三鴨さんから電話がかかってきた。答えは「ぜひ来てください」というものだった。社長自ら電話をかけてきたことに驚いた。何よりもOKの返事がもらえたことがうれしかった。

　まるみは障害のあるなしにかかわらず社員には時給制を採用しており、くみさんの希望にこたえるのはそれほど難しいことではなかった。

　「そもそも雇用契約をそれほど細かいものにしていません。例えば勤務時間については、基本の就労時間を9時〜18時とし、その中で6時間勤務をするといった感じです。遅刻や早退が多くなるのはお互い気持ちがよくないので、このシステムはとてもフェアで、効率的なものだと考えています」と三鴨さん。

　くみさんは希望がかなえられたこともあり、自らの疾患については打ち明けずにいた。この条件であれば無理なく続けられると思ったからだ。それでも朝、身体が動かなくなったり、ラッシュ時に通勤ができなくなるようなことがあったが、何とか頑張って出社していた。

　そんなとき、自分が統合失調症であることを伝える機会を得ることになる。前述のように就労移行支援事業所からの実習の受け入れが始まり、自分と同様の障害のある人が一緒に仕事をすることになったのである。くみさんは自分が統合失調症であることを打ち明けた。

　「打ち明けることで、出社時間の調整などをお願いしやすくなりました。理解してくれる周囲の配慮がうれしかったです」と、くみさんは当時を振り返る。「考えてみれば、うちの会社はみんなどこか具合が悪いんですね。だから、お互いさまというか、協力し合わないと進んでいかないんです」と笑う。

実習によって積み重ねられる配慮へのノウハウ

　くみさんが自らの障害を報告して以降、まるみではさらに実習の受け

入れを積極的に行うようになった。

「くみさんとの関係でも、精神疾患に対する違和感などは全くなかったので、弊社がお役に立てるのならと多くの実習生を受け入れてきました」と三鴨さん。

精神的な疾患があるといっても、人によってそれぞれだということが自然に理解できるようになった。実習を受け入れることによって得られる事例１つひとつと向き合うことで、三鴨さんは職場における配慮への視点がはっきりしてきたという。

「例えば、薬の副作用で汗が止まらない実習生の場合、１日２時間の実習の時間は、エアコンの温度を下げて、周囲の社員には我慢してもらうということをしてみました。事前に２時間だけとわかっていれば、他の社員もそれほど負担にならず、実習生も汗を気にせず落ち着いて仕事をすることができました」

そういったことを数多く経験していき、社内の環境を整えるためのノウハウが身についていった。また、それは障害者雇用のためだけでなく、社員全員が気持ちよく仕事をするための環境整備にもつながっていった。

実習のコツは「間口は広く」

障害者の雇用を考えているのであれば、まず職場体験実習を数多く受け入れること、と三鴨さんは中小企業の経営者の仲間にそう勧めている。

実習は焦らずゆっくりと進めていくことだ。実習する側には「この会社に決めなくては」「ここに就職するしかない」などと気負わずに臨んでもらい、受け入れ側も採用を前提とするのではなく、さまざまな出会いを大切にするという気持ちになることが重要だという。

実習受け入れのコツは「とにかく間口を広く」と三鴨さん。まるみの場合は、障害種別、年齢、性別などにこだわらず受け入れを行っている。それを継続していくうちに社風にあった人が自然に集まってくるように

なった。徐々にではあるが、そういう姿勢でいることで支援機関も、まるみに適した人を紹介してくれるようになってきた。

　それでも、うまくマッチングできない場合もある。「受け入れ側が"うまくいきそうにないな"と思うときは、実習している方もしんどい思いをしているはずです。そんなときはいったんリセットして『別の職場に切り替えたほうがお互いに幸せじゃないですか』という話をします」

　三鴨さんは、実習は恋愛関係と似ている、と笑う。

「お互いのことを考えて、やっていけるかな、長く付き合っていけるかな、と真剣に考える。お互いのことを大事に思って、結論を出すことが大切です。そうすればトラブルになることはありません」

「社員も神様」

「お互いのことを大事に思う」——まるみが障害者雇用で大切にしていることは「失敗を認める」、「失敗を受け入れる」ということでもある。

　なぜ失敗したのか、その原因について、雇用者側、従業員側がお互いに理解し共有することが「共に働く」ことの原点だと三鴨さんは考える。

「お互いが、改善するためにはこうすればいい、と提案し、それを共有することが大切です」残念ながら共有がかなわないときにはその業務に対する追求はやめて、別の可能性に方向転換することにする。

「これ甘いでしょ?」と尋ねて「いや、甘くありません」という人に「いや、甘いよ。美味しいよ」と言っても意味がない。「甘くないので、美味しくないです」という返事が返ってきたら、率直に「それはもう食べなくてもいいですよ。こちらはどう?」と言えばよい。

「甘くなくても無理してでも食べるのが仕事、かつての私はそう考えていました。それが、障害者雇用にかかわるようになってから無理はしない方が良いという考えに変わりました」。三鴨さんはそう語る。

　くみさんらと共に仕事をしている中で「甘い」「甘くない」の議論を

繰り返すのは時間の無駄だと気づかされた。議論しているよりも、早く別の可能性を見つけたほうが意味があると、三鴨さんは考えている。

「味覚と同じように、一人ひとりの働き方のスタイルも異なります。その違いにどこまで対応できるか、最初は見当がつきませんでした。けれども、取り組んでみると、それほど大変ではないことがわかってきました」

例えば、午前中は顧客との折衝が苦手な社員しかおらず、対応が可能な社員が午後から出社する場合、その状況を顧客にしっかりと説明すれば顧客側は事情を理解してくれて、「午前中に連絡がほしい」ということはなくなってくる。

「『申し訳ございません』とはお伝えしますが、それで取引がなくなることは、まずありません。お客様に社員の事情をお伝えしておくことも、合理的配慮だととらえています。もちろん『お客様は神様』ですが、同様に私にとっては『社員も神様』なのです」

WEB日報システムを活用

くみさんの担当する仕事は、入社当初は名刺のデザインがメインだったが、現在では受注から始まる顧客管理、入力、印刷、検品、梱包、発送、請求と業務の幅を広げている。

「入社当初は、狭い範囲の仕事で精一杯でした。また、自分の仕事だけに集中しようと、すべてを遮断して周囲の人ともしゃべらずにいました。仕事の幅が広がっていくに従って、少しずつ周りが見えるようになりました。今では見えすぎて困ってしまうこともありますが…」と笑う。

困ったときはどうしているのか、と問うとWEB日報「SPIS（エスピス）」を使用するという。

「SPIS（エスピス）」とは、精神障害者や発達障害者の就労定着支援を目的として開発されたWEB日報システム（https://www.spis.jp/）で、まるみは2014年から導入している。

　「利用者が自身の健康状態なども含めて項目を設定し、状況を報告します。上司、臨床心理士などの外部支援者がそれに対し、コメントを寄せます。精神疾患のある人の日々の変化がグラフ化されるなど『見える化』も実現されたシステムです」（三鴨さん）

　社員が日々のうれしかったことや困りごとを入力し、三鴨さんが応える。職場では口に出してうまく伝えられなかったことなど、思いを文字で共有することで、円滑なコミュニケーションの助けとなる。その日の困りごとがその日のうちに解決できることが魅力という。

幻の9時出勤

　とみさんには双極性障害があり、2年前にまるみに入社した。名刺や広告のDTP(パソコンでの印刷物の編集作業)や、校正作業を担当している。くみさんが入力したデータをとみさんが編集処理するというコンビネーションが、この2年間でできあがった。

　とみさんは以前、システムエンジニアとして働いていたが、障害による症状もあり、5か月ほどでその会社を退職、その後、2年間自宅に引きこもるような状態が続いた。「サポステ」(地域若者サポートステーション＝厚生労働省から委託された就労支援機関)の支援を受け、DTPのデザイン・編集作業をそこで学び、まるみを紹介され、面接に臨んだ。

　とみさんは、水、土、日が休みの週4日の勤務を希望した。平日5日のうち、真ん中の水曜が休めれば、苦手な通勤も長続きするだろうと考えたからだ。「週に一度出社の社員がいたので、その人のシフトを水曜出社にしてうまく調整がつきました」と三鴨さん。

　出社時間は当初9時としていたが、入社後10時に変更した。「最初は大丈夫と思っていたのですが、実際に9時に出勤できたのは1回だけでした」。とみさんがそう言うと「あれは幻だったような…」と三鴨さん。「そうですね。幻の9時出勤（笑）」ととみさん。

こういったことを笑って話せる雰囲気、そこにまるみが障害者雇用を成功させ、多くの見学者が訪れる理由があるように感じた。

「多少、時間がずれたとしても勤務内容が安定していれば、会社としては問題はありません。10時に来るはずだった社員が11時に来ることになっても『やっと来てくれた』と喜ぶことにしています。『遅い、困った』ではなくて」と三鴨さんは話す。

「働き方改革」でいわれる「ジョブ型」を先取りしている考え方といえる。その考え方の背景には次のような三鴨さんの思いがある。

「まるみの社員は本当にみんなまじめ。それぞれ困難は抱えていますが、サボっているわけではありません。それぞれの目標はみんな違っています。みんな、しっかりとそれぞれの目標に向かって努力をしてくれているんです」

「自分がはっきり見えるところに日々の目標が設定されていて、それを少しでも越えることができると、大きな喜びが得られます。日々の積み重ねで、いつの間にか勤続2年を越えました。私の中で最長不倒距離の職場となりました」ととみさん。

安心して絶望できる会社

とみさん、くみさんにとってまるみとはどんな会社なのか、お聞きした。

「その人のペースに合わせてくれる会社。キャッチフレーズ的に言えば『懐が深い会社』。これまでの私の経験だと、会社の求めたサイズに合わせた仕事を社員がしなければいけないのが普通でした。合わせることが難しくなると、社員は徐々に不安定な気持ちになっていきます。一体自分は何なんだろう、と。まるみは、自分のペースでいいんだと思わせてくれます。『自分が自分でいられる会社』です」(とみさん)

「安心感を与えてくれる会社。それは『仕事がある』という安心感。それと、もう1つは『休んでも大丈夫』という環境がある安心感です」(く

みさん）

　この言葉に、「何事においても会社の都合ばかりを優先しないで、会社が人を大事にすればその人は必ず頑張ってくれると信じています。どんな場合でもお互いが話し合って、良い方向の結論を出す。それほど難しいことではありません」と三鴨さんが応える。

　「くみさんが言うように、まるみが大事にしているのが『休んでもいい会社』ということ。体調が最悪になって絶望的になると、当然出社したくなくなります。そういうとき『休んでもいいですよ』と言える会社を目指しています。『安心して絶望できる会社』が目標です」。そう付け足した。

　それを聞いたくみさんは「そうですね。三鴨社長も時々絶望しているような時がありますものね」と笑う。

　全国の企業から注目されるまるみの「チームワーク」が、このやり取りに凝縮されているように感じた。

（2019 年 10 月取材）

手前左から　くみさん　三鴨さん　とみさん

プライドと自信を重視、当事者の力を信じ、頼ることで事業拡大を実現させる

■会社概要

株式会社サンキュウ・ウィズ

本社	東京都中央区
事業内容	清掃、シュレッダー裁断、メール集配、カフェ、PC 事業（文書電子化、データ消去、パソコン、スマートフォンのキッティング）
設立	2007 年 5 月
従業員数	86 人
雇用障害者数	67 人

（2021 年 4 月現在）

　大手総合物流企業・山九株式会社の特例子会社であるサンキュウ・ウィズは、障害のある社員のうち約 5 割が精神障害のある人。

　その社員の多くが所属する「PC 事業部」では、グループ企業が使用するすべてのパソコン、および社内用スマートフォンの設定やメンテナンスが行われており、その高度な技術、業務の質の高さがグループ内で注目されているという。

　サンキュウ・ウィズの PC 事業部部長代理 池田泰明さん、当事者である PC 事業部 和田義隆さんにお話をお聞きした。

「できるまでやり続ける」

　サンキュウ・ウィズは総合物流企業・山九株式会社の特例子会社として2007年に創業、創業当初のキャッチフレーズは「山九の本社、山九グループの各社から必要とされ、かわいがられる企業を目指す」というものだった。

　5人の就労者からスタートしたというサンキュウ・ウィズ、2020年4月現在では、67人の障害者が活躍するほどに成長し、「かわいがられる」から「頼れる、なくてはならない」存在に変化し、グループ内で高い評価を得ている。

　同社のホームページに「サンキュウ・ウィズが目指すところ」として記されている目標は「障がいがあるからと、あきらめない。切磋琢磨しあって、粘り強く挑戦し続け、できるまでやり続ける会社」といった力強いフレーズに変化している。

　業務の範囲も設立当初は「清掃、シュレッダー、メールの集配および事務の補助」であったが、2015年にPC事業部が立ち上げられ、グループ内のパソコンやスマートフォンのケアを担当するようになった。その質の高い業務内容が障害者雇用の新しい可能性として、注目を集めている。

年間3,000台以上のパソコンの初期設定を行う

　PC事業部部長代理の池田泰明さんは、2015年にグループ内のシステム管理会社からサンキュウ・ウィズに出向した。

　PC事業部の現在の主要業務は「スキャニング業務」「パソコンのデータ消去業務」「リユース・リサイクル業務」「キッティング業務」に大別される。これらは、PC事業部が創設される以前、すべて外部の契約企業が行っていた。

池田さんは出向にあたって「キッティング作業」を社内で担当することが可能か、事前にリサーチするように命じられた。

　「キッティング作業」とは、パソコンをすぐに使えるように準備する設定作業のことをいう。1台ごとに手仕事でセットアップを行う必要があり、1台で数時間を要する場合もある。

　1人1台のパソコンの使用が当たり前になっている今、人事異動のある4月などは、一度に多くのパソコンのキッティング作業を行わなければならず、頭を悩ます企業も多い。

　「正直言って、キッティングは情報システム部門の仕事であって、特例子会社でそんなことができるのか、と思っていました」と池田さんは当時を振り返る。

　池田さん自身も当時はサンキュウ・ウィズに対して「かわいがられる会社」というイメージをもつ1人だった。特例子会社の行う業務は清掃やシュレッダー作業の範囲のものと思っていた。リサーチを行っていく中でそのイメージは一変した。

　先に挙げた「キッティング」以外の作業であるデータ消去やリユース、リサイクルなどは池田さんの出向前から行われており、まずそれらの業務の内容を細かくチェックすることから始めることにした。

　「スタッフそれぞれの作業の内容を見ていくと、思った以上のレベルで業務が行われていることがわかりました。気になる部分について、こうしたほうが良いのでは？と改善を提案すると、そのすべてにきちんと対応してもらえました。これはいけるぞ！と胸が高鳴ったのを覚えています」池田さんは「キッティング作業OK」と報告した。

　出向前にキッティングに関する詳細な手順書を用意した。予想のとおり、PC事業部のスタッフはその手順書に従って、しっかりと作業をこなしていった。

　以降、PC事業部では順調に業務が進められ、2016年には事業部内に「キッティングセンター」をオープンさせるまでに至った。

現在、PC 事業部は山九グループ内で使用している全パソコンの初期設定作業を行っている。その数は 1 年間で 3,000 台を超える。

パソコンはリース契約されており、リース期間が終了したパソコンはサンキュウ・ウィズが買い取り、PC 事業部でクリーニング作業を行い付加価値を高めてリユースにまわす。グループ内のコスト削減の役割も担っており、親会社の情報システム部門からも高い評価を受けている。

4,000台のスマートフォンの切り替え作業を請け負う

パソコンのキッティングでその存在感をグループに示した PC 事業部が、さらに業務の幅をひろげ評価を高めることになったのが、社内使用の携帯電話からスマートフォンへの切り替え作業だった。

この作業については、当初は契約している通信会社に依頼することが予定されていた。一方で PC 事業部で担当できるのではないか、そういった声も社内で上がり始めた。池田さんの心が躍った。

「PC 事業部のスタッフの仕事に対する意識の高さ、意欲、なにより実力の高さを私自身が実感し始めていました。さらに業務の幅を広げて、やりがいのある仕事をしたいというスタッフの思いに応えなければ、と思いました」

池田さんは、携帯電話からスマートフォンへの切り替え業務の受託を目指して、社内調整に力を注いだ。池田さんの勢力的な活動と、スタッフが行ってきたキッティング作業の実績が実って、切り替え作業は PC 事業部が受け持つことになった。

期待どおり、4,000 台の切り替え作業を半年で終えることができた。

従来どおりの仕事では限界が

出向以来、パソコン事業部の業務範囲を広げることに努めてきた池田

さんだが、その背景には、次のような思いがあった。

　障害者の雇用、特に精神的な障害のある人の就労については今後ますます社会的な要請が増していくはず、それに応えるためには、従来どおりの決まった仕事だけをしていてはいずれ限界が訪れる。

　どうすれば良いか、答えは1つ、未知の仕事を自分たちで見つけ出すこと。未知の仕事は概して難易度の高いものになるが、壁が高ければ高いほど、現在のスタッフのモチベーションは高まり、チャレンジングな気持ちになるはずだ。それは必ずサンキュウ・ウィズに発展をもたらす。そんなふうにPC事業部でスタッフと共に仕事を進める中で池田さんは感じていた。

　「キッティング作業やスマートフォンのデータ移行などにチャレンジすることで、さらに新しい世界が見てきました」。期待以上の結果を出すことによって、親会社はこれまでと異なる視点でサンキュウ・ウィズをとらえるようになり、グループ各社から様々なオファーが寄せられるようになった。

苦手が苦手でなくなる

　取材当時、PC事業部に所属するスタッフ21人の障害種別は、知的障害3人、身体障害1人、精神障害・発達障害が17人で、精神障害・発達障害のある人が多数派の職場となっている。

　「発達障害のある人は自分の感情をうまく表に出せず、コミュニケーションに困難を抱えていることが多いのですが、1つのことに集中するタイプの人が多いのも事実です。コミュニケーションは苦手でも集中力がものすごくあり、そのことはパソコンの作業にとても適しています」と池田さんは言う。

　さらに発達障害の人にとって「だいたい」や「ほどほど」という表現は苦手なことが多いが、コンピューターの世界に「だいたい」「ほどほど」

は存在せず、そのことが不利になることがない。コンピューターは曖昧な部分がないので、これまでマイナスな個性とみられていたことが、この職場では逆にプラスになることがある。

「PC事業部の仕事は、健常者のレベルか、それ以上だという自信があります」と池田さんは胸を張った。

コミュニケーションに多少の困難があったとしても責任ある仕事を任されていると、苦手だったはずの社員同士の意思疎通も必要最低限のことは問題なく進められるようになってくる。得意なことを仕事の中で十分に活かしていれば、苦手なことは問題ではなくなる。

ちょっとした環境の配慮で苦手は解消されていくこともある。

「1つの例ですが、私どものスタッフにアルファベットの小文字のbとdの区別がつきにくく、パスワード入力が難しい人がいたのですが、パスワードをすべてバーコード化することで入力の手間を省くと、作業は問題なく進められるようになりました」

ほんの少しの工夫でその人の活躍の場が大きく広がっていった、と池田さんは言う。

大学時代の挫折を乗り越えて

PC事業部でスマートフォンのキッティング等を担当している和田義孝さんは、発達障害がある。最初に、ご自身の障害とサンキュウ・ウィズに入社するまでの経緯について話を伺った。

子どもの頃から人との会話の中で得られる情報がたとえ単純な内容であっても、頭の中で時間をかけて反復しないと正しく解釈できないことが多くあった。

それでも学校の成績は高校までは良好だった。授業中にノートをとらなくても、教科書を読むだけでその教科の中身が理解できた。問題集を解いて解答の解説を読めば、ほぼそれを記憶することができた。予習や

復習の必要もなかった。いわゆる受験勉強というものもせずに、現役で国立大学に合格、生命工学を専攻した。

　しかし、大学の講義で挫折を味わうことになる。講義の内容が理解できなかったのだ。講師の話を聞いていても、その内容が頭の中に入らない。指定された教科書を読んでも、その科目全体のことは理解できなかった。教科書が不親切に感じた。

　考えてみれば大学は高校までと違って研究機関でもあり、教科書を読めばそれですべてが理解できるというものではない。専門的であればあるほど、自分からその科目に対して積極的にかかわる必要がある。

　もともと人とかかわることが苦手なので、他の学生のように教授に質問をしたり、定期試験に備えて先輩や同級生と情報交換することができずにいた。講義についていけぬまま３年になったとき、大学をやめようと考えた。

　その大学は中退を希望する場合、学長と面談する決まりがあった。その席で学長から「ここまで頑張ってきたんだから、このままやめてしまうのはもったいない。学内でカウンセリングを受けたうえで、もう一度考えてみたらどうか」と言われた。

　カウンセリングを受け精神科の医師を紹介され、そこで広汎性発達障害と診断された。訪問看護を受けながらも大学に通い続け、無事に卒業することができた。

　訪問看護の担当者から就労移行支援センターを紹介され、就職に向けてパソコンのスキル等の訓練を受けた。そこで、サンキュウ・ウィズを紹介され面接に臨み、２週間の実習、６か月のトライアル雇用を経て、2019年に正式に社員となった。

「明日が来てほしくない」

　和田さんは入社当時ほとんど口を開かず、会話もしなかったという。

言葉を発しても声が小さく、隣にいてもよく聞こえないことがあった。

「それでも指示したことは期待以上のことをやってくれました。静かだけどやることはやる人だな、と感じていました」。それが池田さんの和田さんに対する第一印象だ。

とはいえ、会話はほとんどなくコミュニケーションの難しさを池田さんは感じていた。また、入社当初、和田さんはいつも寝不足の様子だったという。心配になり、その理由を尋ねると「明日が来るのが嫌だから眠らずにいます」という答えが返ってきた。その答えに、池田さんは正直戸惑ったという。

「世の中がゆがんで見えるから、明日が来てほしくないんです、と答えたことを覚えています」と和田さん。当時のことを次のように振り返る。

「その頃は、明日が来てほしくないと真剣に思っていました。なぜかというと自分が面白いと思っていたことに対して、インターネットや電車の吊り広告などで悪意のある発言などを目にすると、とたんにそれが嫌なものになってしまうことがよくあったからです。自分が楽しいと思っているものが、いずれ自分に苦痛を与えるものに変わってしまう。そんな『明日が来ること』に対して恐怖感をもっていました」。夜が明けるのが怖くて眠らずにいることが何度もあったという。

「今でもその気持ちに変わらない部分もあるのですが、当時と違って職場にはその苦痛を持ち込まないことができるようになってきました。仕事中は業務のことだけに集中するようにしています」

仕事への集中が和田さんが抱えていた恐怖を緩和しているのかもしれない。

質の高い仕事をしていることにプライドをもつ

和田さんの業務は入社当初のキッティング作業から範囲を広げ、故障

したスマートフォンのロック解除、データ移行、セットアップした後の発送手配等も行うようになった。「最初はわかりにくいところがあって苦戦しましたが、今は何とかこなしています」と和田さんは話す。

業務が広がると他部門との交流も必要になってくる。和田さんは「苦手なこと」だからと、入社当初は他部門との連絡は池田さんに頼んでいたが、最近では親会社とのやり取りも無理なく行えるようになってきた。

「親会社の担当者がPC事業部までやってきて、スマートフォンの設定の進捗状況を直接和田さんに尋ねることも増えてきました。面と向かって人と話すのが苦手だった和田さんも、発注者の期待に応えるべく、外部の方との電話対応も含めて、積極的に話ができるようになってきました」と池田さん。

最近ではこんなこともあった。業務用のリフトを使った作業を和田さんが行っていて、離れたところにいる相手に最初はささやくように「降ろします」と言っていたのだが、相手からは返事がない。そのようなことが何回か繰り返された後、和田さんが「降ろしまーす!」とはっきりと大きな声で呼びかけると「ハーイ、お願いしまーす!」と下のほうからも元気な声が返ってきた。

「ささいなことかもしれませんが、このやりとりが聞こえてきたとき、涙が出るほどうれしかったです」と池田さんが言うと、和田さんは「ありがとうございます」とはにかんだ。

嫌なことから逃げない

今、和田さんに伝えたいこととして、池田さんは次のように話した。

「和田さんには自分のやっている仕事の難易度の高さ、その価値に自信を持ってもらいたいです。同時に、力を抜いてリラックスして仕事をしてほしい。自分はできるんだというプライドをもちつつ」

和田さんは「難しい部分もありますが」とした上で「価値の高い仕事

をしていると自覚することで、モチベーションを高めていきたいと思います」と応えた。

　最後に和田さんにサンキュウ・ウィズに入社して自分自身に変化があったか、お聞きした。

　「そうですね。一番変わったことは、できることからは逃げたくない、と思い始めたことでしょうか。嫌なことから逃げないようにしよう、という自分の中の変化を感じています。今の自分に与えられている仕事をしっかりとやって精度や質を高めていきたい、そういう気持ちが強くなりました」

　冒頭に紹介した「切磋琢磨しあって、粘り強く挑戦を続け、できるまでやり続ける」という同社の目標としっかりと重なる言葉だった。

（2019 年 11 月取材）

池田さん（左）と和田さん

第 2 章

障害者雇用を
成功させるためのキーワード

八木亜紀子

「事例性」「疾病性」

"nice to" ではなく "must" の障害者雇用へ

▼

能動的な人事戦略として

2013年に改正された障害者雇用促進法が施行され、精神障害者がその対象となりました。しかし、精神障害者の雇用が進んでいる、という実感は、企業の人事担当者にも、経営者側にも、現場にも、また当事者である精神障害者にもあまりないのではないでしょうか。

障害者雇用が進まない職場でよく聞かれるのが、「余裕がない」「障害者に任せる仕事がない」「現場の理解が得られない」といった声です。これは「できる職場がやればよい」、いわば nice to で障害者雇用をとらえているからこその意見です。CSR もやらなければならないから、法定雇用率をクリアしないといけないから、と「やらされている」感で受け身に進めていては、職場や上司を選ぶ事業にとどまってしまいます。しかし、就労人口が確実に減り続ける今、障害の有無を問わず、働く意思を持った従業員に一人でも多く、少しでも長く勤めてもらうことは、組織の生き残りに欠かせません。そこで能動的に打って出る must の人事戦略として、共に働く障害者雇用の場づくりを社内で浸透させたいところですが、多くの企業の人事担当者は社内での nice to から must へのシフトが進まず、苦慮されています。

must の人事戦略は「うちでもできる」となって初めて実現します。そのためには、属人的でない、スーパースターのいらない事業として展開することです。労務管理を標準化するための切り口として、「事例性」と「疾病性」という概念を紹介します。

▼

「事例性」「疾病性」とは?

まず「事例性」とは「遅刻する」、「ミスが多い」など、職場で実際に

見られる、だれにでもわかる客観的事実で、「疾病性」とは「うつである」「発達障害である」など、症状や病名に関した専門家の判断を要するフィールドです。職場で問題が起きたとき、マネジメントが対処するのは事例性で、疾病性は医師などの専門家に任せるべきです。しかし、その役割分担は実は容易ではなく、マネジメントが疾病性に関与して事例性を二の次にしてしまいがちなのです。例えば「調子悪そうだから」と気をつかって遅刻した従業員に注意できない、となると、本人には何が問題か伝わりませんし、周囲のモラルも下がります。ここではマネジメントは、なぜ遅刻したのか、という原因を追究するよりも、事実を共有し、どうやって時間どおりに仕事をしてもらうかに注力することでより適切に対処できるようになります。

▼

客観的事実に注目する

「スーパーホテルクリーン」（26頁）の事例は、理解のある上司である大町総務課長、ヒューマンスキルの高いアドバイザー・門間さんがいたからこそうまくいったように読めますが、ポイントはアドバイザーの門間さんが「仕事上の問題点をぼやかさずはっきりと指摘した」、「得手不得手はだれにでもある」と当事者である佐山さんに明確に伝えた、というところでしょう。

仕事ぶりに問題のある部下に、それを指摘するというのはどの上司にも求められることです。障害がよくわからないのでどうアプローチしてよいのかわからない、と上司が尻込みするのであれば、まずはその管理の範囲が事例性であることを組織内で明確に共有することです。これは、疾病性を理由に事例性に介入しないことを認めない、つまり「よくわからない病気の人には注意できない」ことをよしとしない、ということでもあります。もちろん、コミュニケーションスタイルや相性の合う合わないはありますので、上司任せにせず、職場全体でフォローすることが望まれます。

また事例性は問題理解に有効な概念ですが、うまくいっている場合に

も当てはまります。スーパーホテルクリーンの事例で、「よい仕事をしたときにはその場ですぐに言葉ではっきりと伝えてくれた」ことが評価されている実感につながった、という佐山さんのコメントにもみられるように、ポジティブなフィードバックも客観的事実に基づくことで効果的に行えるのです。

　「事例性」と「疾病性」は、障害者雇用のノウハウの枠を越えてマネジメント全般に活用できるともいえます。

《ポイント》

> ●マネジメントは「事例性」（職場における客観的事実）、専門家は「疾病性」（症状、病名等）にそれぞれ対応する。
> ●管理者の責任範囲が事例性であることを社内で共有し、職場全体でフォローを。

「多様性」「レジリエンス」

障害者雇用から高める組織の対応力

▼

多様な組織は賢明である

　一般的に均質性の高い組織は、決断が早く、効率的かつ合理的だといわれます。しかしグループシンキング（集団浅慮）が起きがちで、無言の圧力で集団にとって不合理な意思決定が容認されることがあります。一方、多様性を有する組織は、前提が通用しないため合議に時間がかかって一見効率が悪いですが、多面的でより深い議論が可能といわれます。

　ビジネスの世界では、多様性の高い組織のほうが業績がよいという報

告が多くされています。マッキンゼー・アンド・カンパニーが 2015 年に発表した、上場企業 366 社に関する調査によれば、経営陣の民族的・人種的多様性が上位 4 分の 1 に入る企業は、業界平均を上回る財務リターンを上げる確率が 35% 高く、性別の多様性が上位 4 分の 1 に入る企業は、同様の数字が 15% 高い、という結果が出ました。また、クレディ・スイスが世界各地の 2400 社を対象に実施した調査分析によると、取締役会に 1 名以上の女性メンバーを擁する企業は、女性取締役がゼロの企業よりも、株主資本利益率と純利益成長率の両面でより高い成果を上げていたとされています。

　それではなぜ多様性の高い組織のほうが、パフォーマンスがよいのでしょうか。考えられる理由はいくつかあります。まず多様性のある組織は、均質性の高い組織に比べ、事実をより重視し、お互いの行動をチェックし合う傾向が強いといわれます。また収集した情報をより注意深く処理して、革新的である、とされます。周りを見渡して、自分とは異なるバックグラウンドの人がいると、わかったような気になりにくいですし、場の雰囲気に流されにくくなるということです。さらに、「あれ？」と思うことがあるかもしれない反面、「自分の意見も聞いてもらえる」と感じられる確率も高くなるといえます。障害の有無ももちろん、多様性の 1 つに該当します。

▼

組織のレジリエンス

　ところで昨今よく聞かれる用語に、「レジリエンス」があります。「回復力」や「逆境力」「しなやかさ」とも訳され、一般的には個人に何らかのストレスが加わったとき、それに負けない力のことを指しますが、元は物理学用語で、伸び縮みする素材がエネルギーを吸収し、そのエネルギーを放出するときに元の形に戻る現象のこと、例えば空気を吹き入れて膨らんだゴム風船が、一気に元の形に戻ることをいいます。レジリエンスの高い人は、厳しい状況でもネガティブな面だけではなくポジティブな面を見いだすことができる、思考が柔軟な人だということがわ

かってきました。また状況に一喜一憂しない感情をコントロールする力や、自分の力を過小評価しない自尊感情、自分が成長前進していると感じることができる自己効力感、失敗のなかでもいつかできると考える楽観性、さらに周囲の人と関係を築きながら生きる力が大きく関係することがわかってきています。

　このレジリエンスを組織の多様性に結びつけてみるとどうでしょうか。ビジネスを取り巻く環境は刻々と変化していますから、組織もその影響を受けざるを得ません。そのときに、ゴムの風船のようにしなやかに変化を受け入れる、あるいはすぐに立ち直る組織は、硬直化した均質性の高い組織ではなく、さまざまな見解を有しイノベーションを醸成する多様性の高い組織です。映画の「シン・ゴジラ」でも、困難に対して感情的になりすぎず、客観的事実に冷静に取り組んだのは、部署や年齢、性別、経歴の壁を取り払ったチームでした。

▼
イノベーションを生む職場づくり

　「ビームス」の事例（34頁）では当事者である青木さんが、おしゃれな清掃チームを立ち上げたいと語ると、それが社内のプロジェクトに通ずるとされる様子が描かれています。これは、清掃業務の経験のあるスタッフを配置したことによって、通常外部委託している事業をロジスティクス（物流部門）の部署で担当するという斬新な発想が生まれたということでしょう。経営上、業務の効率化は当然必要な判断ではありますが、それが社内の多様性を抑制している場合、それによってイノベーションの芽が摘まれている可能性も吟味したいところです。

　また青木さんが、ふだんの自分と違って大きな声でアピールすることができる場だと語っています。聞いてもらえるという実感や、自己肯定感、周囲とよい関係性を得られている表れでしょう。自分と違う人が自分と同じように尊重されている職場は、個人の可能性を引き出し、組織そのものを賢くするのです。

《ポイント》

● 多様性を有する組織は、合議に時間がかかるが、多面的で深い議論が可能、結果的に高いパフォーマンスを発揮する。
● 障害の有無も多様性の1つである。
● 多様性は、逆境に対してしなやかにその変化を受け入れ、回復させるレジリエンスを生み出す。

「合理的配慮と要望・提案」
スタッフ一人ひとりをフル活用する

▼

優秀なマネジャーがやっていることは

　「並の管理職は（チームメンバーで）チェッカーをし、優秀な管理職はチェスをする」という言い回しを聞いたことがあるでしょうか。

　チェッカーとは、西洋碁とも呼ばれるチェス盤を使って白黒の駒でするゲームで、すべての駒は同じ形で同じ動きをします。一方チェスは、すべての駒は違う動きをしますし、プレーヤーがそれぞれを把握しないことにはゲームは始まりません。大義や短期的な目標のために強力なリーダーシップが発動されると、メンバーはさまざまな事情はさておき同じ方向を向いて進みます。いわばチェッカーです。しかし、チームで長期的に仕事をするには、チェッカーのようにだれかに指示を押しつけられるのではなく、チェスのようにそれぞれの持ち味や弱点も踏まえた戦略を提示されたほうが、メンバーそれぞれが効率よく動け、結果としてチームは強くなります。チェスをする管理職が優秀だといわれる所以（ゆえん）です。リーダーシップや管理職のスタイルについては数えきれないほど

の文献がありますが、突き詰めると、優秀なマネジャーといわれる人たちは共通して、自分のスタッフをフル活用しています。そのために、スタッフそれぞれの強みとその強みを発動させるきっかけ（いわゆるやる気スイッチ）、そして学習スタイルを理解し、それが活かせるような環境づくりをしているのです。仲間から一目置かれたいのか、上司から褒められたいのか、昇進したいのか、何がやる気につながるかは人それぞれです。

　また、OJTをするにも、まずはいろいろ調べたいタイプ、とにかくやってみたいタイプ、他の人をみて全体の流れから学びたいタイプなどがあります。そういった情報を収集して、実際の職場に活用するというのは、一見すると非常に手間がかかるプロセスです。しかしチェッカーをやり続けてチームの生産性が下がってしまうことを考えれば、時間的に初期投資してチェスに切り替えたほうが効率的かつ効果的にチームが機能し、実りも多くなります。

▼

職場だからこそ必要な双方向のコミュニケーション

　的確に情報を集めるには、知ろうとする側がよい質問をするテクニックが必要なのはもちろんですが、それと同様に重要なのは、メンバーに自発的に声を挙げる責任があると理解してもらうことです。自分の駒がユニークであればあるほど、ゲームで使ってもらうためには特徴を自分から伝えなければなりません。これは障害の有無を問わず、組織の一員として働くうえでは必ず求められる技術です。

　ここで問題になるのが、どこまでが正当な要求で、どこからがわがままあるいは無理難題か、という線引きですが、要求する側、される側の事情によって、合理的配慮のラインは変化します。合理的配慮について改めて整理すると、改正障害者雇用促進法（平成25年改正）においては募集や採用時だけでなく、採用後も仕事をしやすいような配慮をすることが定められています。ここでいう合理的とは、雇用者側にも障害者本人にも合理的である、ということです。つまり、あくまで双方の交渉

による合意によって決定されるべきで、どちらかが気を回しすぎて先回りする、あるいは気をつかって必要な改善を飲み込む、というものではありません。

　障害をもつ人に共通していえるのは、正当な要求をする経験が少ない、あるいはしたことがない、ということです。迷惑をかけてはいけない、怠けてはいけない、と常々周りからいわれ、自分でもプレッシャーをかけた結果、助けてもらえばすぐ解決するようなお願いさえも遠慮してしまう人が多いのです。そこで職場ではまず、声をあげることが業務の一環であるということを明確に伝えるようにしましょう。そして「○○がない」「○○ができない」といった状況報告にとどめず、「なので〜〜が欲しい」「なので〜〜したい」という、要望・提案をするよう助言しましょう。それまで声をあげたことがない人には具体的で細かい指示が必要な場合もありますが、一度うまくいく経験をすると、それは本人の自信となり、必ず力になります。

▼

線ではなく面で支える関係

　「黒ばら本舗」の事例（44頁）では、当事者の穂積さんが、商品の細かい情報を間違えないように整理する表を自分で作っていて、職場でもそれが知られているというエピソードが出てきます。一方、下町流の少々荒っぽいコミュニケーションスタイルを直属の上司である宮崎さんは心配していたようですが、穂積さんはむしろそれをポジティブにとらえていました。宮崎さんが把握していたこともあれば、知らなかったこともあって、それでも穂積さんがいきいきと働いていたのは、周囲の人たちの支えが大きく影響していたからでしょう。

　実際問題として、一人の管理職がメンバー全員を把握するのは難しい場合も多いでしょう。管理職自身が気負いすぎることなく、職場の皆で支え合う風土を作ることが、チーム全体の士気の向上につながります。

- ●合理的配慮のラインは、要求する側、される側双方の事情によって変化する。
- ●自発的に要求・提案の声をあげることが業務の一部だとメンバーに理解してもらうことが、リーダーには求められる。

「パターナリズム」

当事者が正当に評価される職場をつくるには

▼
「よかれと思って」は本人のためか?

　新しい職場で働き始めるとき、ソフトランディングするためには、サポーターの存在は必須です。長らく社会から遠ざかっていた人、生まれて初めて職場に出る人にとってはなおのこと、身近で一声かけてくれる人の存在は大きいでしょう。障害者雇用に取り組む多くの職場は、担当者が配置されています。専門職を雇用している場合もあれば、面倒見のいい管理職の方や先輩が現場を担っている場合もあります。彼らの存在は、障害者を定着させるうえで欠かせない存在です。

　ところで医療現場でよく聞かれる言葉に、パターナリズム（Paternalism）があります。パターン（Pattern）ではなく、父性（Paternity）から派生した言葉で、簡単にいうと親が子どものためによかれと思ってするように、一方が相手の利益のためだとして本人の意思を勘案せずにいろいろとやってしまうことです。

　医師と患者のように、治療する側とされる側の立場の違いが明確なとき、患者のためにと医師が治療方針などを決めてしまうことはよくあり

ます。医師は病気のことを本人よりよく知っているので、そうするのは当たり前のようにも思えますが、実は病気が生活にどう影響しているか、どう困っているかは、患者自身に聞いてみなければわかりません。ところが患者は「忙しい先生が時間を割いて診てくれているから」「自分の不便さなんてささいなことだから」と遠慮することがほとんどですから、医師から「これでどうですか？」と聞かれたところで「それでお願いします」と黙ってしまうのです。

　昨今インフォームドコンセント（十分な情報を得た上での合意）という言葉がよく聞かれるのは、こうしたパターナリズムへの反省でもあります。

　パターナリズムは、医療以外にもさまざまな場面でみられますし、障害者に限って起きる現象ではありません。上司や先輩が本人の希望を酌まずにあれこれ余計な世話を焼くのも、パターナリズムです。本人よりも経験も知識もあるのだからわかってあげなきゃ、と善意でやったことが本人にはかえって迷惑だった、というのは決して珍しい話ではないのです。

▼

「やってもらう」から「自分で選ぶ」へ

　ここでもう１つ触れておきたいのが、1990年代後半以降に社会福祉領域において起きた構造改革です。「措置から契約へ」ともいわれる日本の社会福祉の大きな転機で、それまで長らく救済的な行政処分として与えられるものであった福祉サービスが、利用者が契約に基づいて利用するものに変わりました。福祉が「社会がやってあげる」「本人がやってもらう」ものから「本人が選び、お金で買う」ものになったのです。しかし、介護保険から始まった制度の移行は障害分野にも進んでいますが、利用者や家族、支援者の意識の改革はまだまだです。

　こうした社会背景を踏まえると、障害者や彼らを取り巻く人々が長らくもっていたマインドセットがみえてくるでしょう。障害者本人も、周りの人たちも、人一倍パターナリズムに陥りやすいのです。障害者に活

躍してもらいたい、という熱い志があればなおのこと、障害者雇用に取り組む方たちは、なにかと手を出そうとしてしまいがちです。そんな思いに駆られたときは、独りよがりになっていないか、本人の声が本当に聞けているか、しっかり振り返ることが必要です。

▼
障害者の力を評価する

「第一生命チャレンジド」の事例（51頁）に登場する齊藤さんと古谷さんは、共に社会福祉のバックグラウンドのある担当者でしたが、福祉の知識をもってしても、実際に障害者と共に生きるということが腑に落ちるのは容易ではなかったようです。しかし当事者である御簾納さんが言われたように、案外、障害者自身は過度な配慮は求めていなかったりします。障害者を特別扱いしなければならないという考えは、彼らの力を正当に評価していない裏返しでもあります。まずは受け入れる側が、「わかってあげなければいけない」という気負いを捨てることから、障害者雇用を考えてみてはいかがでしょうか。

《ポイント》

- パターナリズムとは、一方が相手の利益のためだとして、本人の意思を勘案せずに支援・干渉すること。
- 職場内でサポートする際は、独りよがりになっていないか、本人の声が聞けているか、しっかりと確認する。
- 当事者は、過度な配慮より特別視しない正当な評価を求めている。

「障害者雇用」「一般就労」

就労に向けたステップ・バイ・ステップの歩み

▼
障害者雇用の基本知識

　障害者雇用を考える際、いくつかのキーワードがあります。人事の方にとっては当たり前のことかと思いますが、簡単に振り返ってみましょう。

　まず、障害者自身が、障害があることを雇用者側に告知せずに就職するというパターンがあります。いわゆる「クローズ」といわれる一般雇用です。クローズの場合、本人は普通に就職するのと同じですから、給与を含む待遇、雇用条件などは他の従業員と差はないでしょう。しかし障害について配慮をしてもらったり、会社との交渉で支援者に橋渡しをしてもらったりすることは難しいでしょう。一方会社側としては、法定雇用率に反映させられないという事情もあります。

　次に障害者が障害者枠で雇用される、いわゆる「オープン」といわれる雇用（一般就労）があります。オープンの場合、障害者自身も、職場も、ジョブコーチをはじめとする専門職からいろいろと支援をしてもらうことが可能です。法定雇用率にも算定されます。その一方で、本人が障害者であることを受け入れて手帳（身体障害者手帳・精神障害者保健福祉手帳・療育手帳）を取得する必要がありますし、契約社員やパート社員など有期雇用となってしまうことがほとんどです。

　さらに、福祉的就労があります。障害者総合支援法により、一般企業での就労が困難な障害者が、雇用契約を結んで給与を受け取る就労継続支援A型事業所と、就労技能を身につけるような活動をして施設を利用し工賃を受け取る就労継続支援B型事業所に分けられています。

　就労移行支援事業所では2年の年限で一般企業への就職を目指しますが、卒業後の一般就労を見越して支援を受けるため、基本的には工賃は

支払われません。

　職場適応援助者（ジョブコーチ）は、職場に出向き、障害者本人だけでなく、事業所や障害者の家族も支援して、障害者の職場適応・定着を図ります。ジョブコーチが行う障害者に対する支援は、障害者が仕事を遂行し職場に対応するための具体的なもので、事業所の上司や同僚による支援にスムーズに移行することを目指します。なお、ジョブコーチを含む支援を活用することで、障害者の職場定着率が高まることは、複数の研究で報告されています。

　ハローワークには、障害者雇用を促進する目的で雇用指導官が配置されています。雇用指導官は、企業が障害者雇用を行う際の課題を把握し、企業の状況に応じた提案や指導を行います。企業に向けた勉強会を行ったり、雇用率未達成企業への指導を行ったりしています。また、障害者に対する支援としては、手帳の有無を問わず、専門的な知識をもつ担当者がきめ細かい支援を提供しています。これらジョブコーチ等の支援制度については、ハローワークや各地の障害者職業センターに相談してください。

　「一般」就労というと、一般枠での雇用（クローズ）を想像されることもあるかと思われますが、福祉従事者やハローワークの担当者は障害者枠での雇用を（福祉的就労に対して）一般就労と呼びます。

▼

就労に向けたピンポイントのトレーニング

　仕事は一人ではできませんので、職場での協調性や人間関係づくりのスキルが必要です。しかし、精神障害者の多くは、その症状の１つとして対人スキルやコミュニケーションスキルに課題があります。うつ状態の人は精神的エネルギーが枯渇して自分から声をあげる元気がありませんし、発達障害の人は関係性を構築するために自分を調節することが苦手です。とはいえ、スキルは訓練すれば向上します。

　ゴルフのスイングは駅のホームで傘を振ってもあまり変わらないですが、ゴルフスクールで撮ったビデオを見れば改善点は一目瞭然なように、

スキルを改善するには、課題の特定に集中できる環境づくりが必要です。福祉的就労では、周囲との関係性や評価を過度に気にすることなく、課題改善に取り組む環境を提供し、一般就労への準備を整える場を提供しています。

▼

障害の診断から就労の課題改善へ

「カラフル・コネクターズ＆居酒屋『結』」の事例（60頁）では、高校まで同級生たちと同じように生活していた小谷さんはその後、ハローワークでの相談をきっかけに精神科を受診し、不安障害と自閉症スペクトラム症の診断を受けます。しかしこの時点ではまだ、問題の全容に名前が付いただけで、具体的に何をどうすれば続けて働けるかという課題の抽出には至っていませんでした。その後、ジョブコーチのボーンさんと出会い、居酒屋店主の荒井さんというサポーティブな環境を得て、1つずつ課題をこなしてスキルを身につけることで、一般就労への自信をつけられたようです。

《ポイント》

- ●精神障害者の就労の課題は、疾患そのものではなくスキル不足にある。
- ●福祉的就労での訓練やジョブコーチ支援を活用することで、職場の定着率が高まる。

「情報共有」

言葉や文字で情報共有する意義

▼

ハイコンテクスト文化とローコンテクスト文化

　気の利く人、というのは、あらゆる場面で重宝されます。スナックで背広の内ポケットを探るとホステスさんが黙ってタバコとライターと灰皿を出してくれる、昭和のドラマではないですが、一挙手一投足から先を読む、かゆいところに手が届く、ということをされると、だれしも悪い気はしません。

　ところでこの、一を聞いて十を知ることを求める傾向が、日本人社会に非常に強いことはよく知られています。日本は、コミュニケーションにおいて前後からくみ取ったり共有体験から察したりすること（コンテクスト、文脈）への依存度が高い、ハイ（高）コンテクスト文化なのです。伝えるスキルや努力がなくても、お互いに相手の意図を<ruby>慮<rt>おもんぱか</rt></ruby>り合うことでなんとなくコミュニケーションが成立する風土であり、「話し手の能力よりも、聞き手の能力に依存する文化」ともいえます。<ruby>忖度<rt>そんたく</rt></ruby>が求められるのもこのためです。

　一方、欧米にみられるロー（低）コンテクスト文化は、共有体験などのコンテクストに頼らず、あくまで言語でコミュニケーションを図ろうとします。そのため、言語への依存度が高くなり、論理的思考力やディベート力といった能力が重要視されます。「聞き手の能力よりも、話し手の能力に依存する文化」ともいえます。

　構成員の体験や前提が共有されていれば、ハイコンテクストなコミュニケーションは機能しますが、その前提が崩れると途端にコミュニケーションが滞ります。グローバルな場面はもちろん、多様化が進んでいる国内の職場でも、共有できる体験や価値観は減少傾向にあるといっていいでしょう。昨今の職場ではハイコンテクストなコミュニケーションが

機能しなくなりつつある、ということは想像いただけると思います。

▼

空気を読まなくてよい職場づくり

　ハイコンテクスト文化では、直接的表現よりも曖昧な表現が好まれます。言語への依存度が低いので、直接的な質疑応答はなく、むしろ時間を共有することに重きがおかれます。反対にローコンテクスト文化では、直接的でわかりやすい、シンプルな表現が好まれます。言語への依存度が高いため、寡黙であることは評価されず、質疑応答でも直接的に答えることが望まれます。

　ハイコンテクスト文化では空気が読めないと非難されますが、ローコンテクスト文化ではそもそも、相手に空気を読むことを求めません。職場環境の変化を考えると、求められるコミュニケーションも大きく舵を切る必要があることがわかります。伝える責任は、発信者にあります。気が利かないと受取側を責めるのではなく、発信する側が自分の真意を的確に伝えることが求められているのです。

　やりとりをできるだけ直接的にシンプルにする、わかったつもりで黙って仕事をするよりも積極的に質問する、という新しいコミュニケーションスタイルへの変換は、実はそのまま障害者雇用にも役立ちます。ローコンテクスト化する職場で必須の、指示や情報を具体的な言葉や文字で共有する作業は、まさに障害者雇用における合理的配慮につながります。これらの作業を、一部の従業員のための余分な手間、ととらえるのではなく、変化する職場で効果的に働くためのサバイバルツールと考え、積極的に取り入れることをお勧めします。

▼

さまざまな方法で継続的に行われる情報共有

　「エム・シーネットワークスジャパン」の事例（68頁）では、入社時にメンバーの得意不得意についてチーム内で情報共有がされ、採用後は電子日報が活用されています。とくに電子日報については、メンバー自身が日々、記入したことに管理者が返信されたり、定期面談で活用され

たりして、文字化された情報が効果的に共有されているようです。

　障害者の多くは、言語でのコミュニケーションに課題があります。文字でのやりとりを取り入れる、本人が自分のペースで発信できる仕組みを導入する、SNSを含めたさまざまなコミュニケーションツールを活用する、といったことで、継続的な情報共有が可能になります。

《ポイント》

- ●伝える責任は発信者にある。相手に伝わるように発信する職場風土を醸成する。
- ●業務上のやりとりはできるだけ具体的に、さまざまな方法で共有する。

「システム理論」
障害者雇用を一部の取り組みにとどまらせないために

▼
システム理論とは

　目新しい仕組みを取り入れるには、まずは試験的に導入し、うまくいったら規模を大きくする、という手順を踏むのが順当です。取っかかりでこけてしまっては元も子もありませんから、まずはパイロットを成功させることはきわめて重要です。しかしパイロットでの成果をそれ以外の部署に展開し、かつそれが定着してはじめて、新しい仕組みが全体に浸透したとなるわけで、組織レベルでの変革や改善において実はこの第2フェーズのほうが肝心だということがわかります。この第2フェーズをうまく進めるために有用な概念に「システム理論」があります。システ

ム理論そのものは壮大で、そのすべてを語るには紙幅に限りがあるので、ここでは組織のダイナミクスを理解するのに有用な理論である、という文脈で、簡単に解説します。システム理論では、個人はあるシステム（家族、職場など）の一部であると考えます。本人以外のシステム成員（親きょうだいや同僚上司）に変化があると本人に間接的に影響が及ぶのは、本人がそのシステムの一部であるからです。さらに、システムは「サブ（下位）システム」という小さいシステムの集合体でもあります。職場でいえば、チームというサブシステムが課というシステムを作り、それが部というシステム、さらに会社というシステムを重層的に構成しているととらえることができます。

　システムには他のシステムとの間に「境界」があり、環境とエネルギーを交換することでシステムは成長します。一般的にエネルギー交換が活発なシステム（オープンシステム）は周囲から隔離されたシステム（クローズシステム）より健全で、適応能力が高くなります。またシステムには、元の状態を保とうとする「恒常性」と、バランスを保とうとする「平衡」という特徴があり、仮に元が不健全な状態だった場合でも、システムはそれに戻ろうとします。整体で姿勢を直してもらっても、意識しなければまた元の悪い（でも楽な）姿勢に戻ってしまうように、一度は変化しても元どおりになろうとするのがシステムの性質です。

▼
組織への定着とシステム理論

　障害者雇用という制度を導入しようとして、それが小さな部署ではうまくいってもなかなか全社展開できない、というのは、大きなシステムが変化を受け入れ、しかもその状態を維持するのに大変なエネルギーがいるからです。細かく業務を切り出して、丁寧に指導すればよいとわかっていても、「あれやっといて」で多くの人に通じるとなれば、つい楽なほうに揺れ戻ってしまう、これにはシステムの力動が大きく影響しているのです。だからといって「うちではやりません」とはねつけて自分流に凝り固まると、社会環境の変化にはついていけなくなります。

そこでシステム理論の出番です。システム理論によればそれぞれの
パーツは相互作用し合っていますので、何か事を起こすときに一気に全
部やる必要はありません。水面に一滴の水を垂らせばよいのです。特定
の部署（システム）でうまくいったことを、人事異動のような制度や、
口コミのような個人的なつながりを使って周囲と少しずつエネルギー交
換し、徐々に高位のシステムに広げていきましょう。周囲と交流する組
織（オープンシステム）は硬直化した組織（クローズシステム）よりも
健全です。内側から徐々に変わることが、結果として組織全体の変革を
可能にし、社会変化への適応力を高めることになります。

▼

障害者雇用を Win-Win のチャンスに

「中央労働金庫」の事例（76頁）では、当事者の小髙さんと「ワーク
サポート」が定着する様子が語られています。障害者雇用に限らず、新
しい施策が成功するには、個人と組織がそれぞれ課題を抽出し、それに
対して定着の方策を立てることが必要です。小髙さんはじめ当事者の皆
さんの就労が安定し、交流するエネルギーとなって社内のシステム内外
を循環することで、個人と組織双方が健全になります。障害者雇用は、
個人と組織に Win-Win をもたらし得る取り組みだといえます。

《ポイント》

- 周囲と交流する組織（オープンシステム）は硬直化した組織
  （クローズシステム）よりも健全である。
- 新しい施策を定着させるには、個人と組織それぞれの課題を
  抽出し、それに対して方策を立てることが必要である。

「アサーション」

職場に求められる Win-Win のコミュニケーション

▼

コミュニケーションの4つのパターン

　コミュニケーションスタイルの整理の仕方にはいろいろな方法があります。ここでは、自分とコミュニケーションの相手がそれぞれ、OK か OK でないかという観点で、4つに分類して解説します（図参照）。

　例えば、自分が朝からカレーを食べたい、と思っていてランチに出ようとしたところ、同僚から「ラーメンどう？」と誘われたとき、あなたならなんと答えるでしょうか。

　黙ってラーメン屋について行く（①）という受け身的なコミュニケーションの場合、相手は希望どおりの食事ができて OK ですが、自分はカレーは食べられず OK ではありません（自分→ OK でない、相手→ OK）。何より、自分がカレーを食べたかったという気持ちが相手には伝わりませんので、これが繰り返されると自分を責め、自己嫌悪に陥ってしまいます。「えっ、ラーメン？　はいはい、一緒に行けばいいんでしょ」（②）と、皮肉を言いつつ付いて行く受動攻撃的なコミュニケーションだと、自分はカレーが食べられないので OK ではありません。しかも一見譲っているようにみえても納得していないのは明らかで、相手も

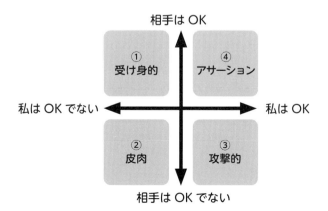

「誘わなければよかった」と後悔することになり、ラーメンが食べられたとしても OK ではありません（自分→ OK でない、相手→ OK でない）。

「今日はカレーって決めてたんだよ！　ラーメンなんか行くわけないじゃん！」（③）と攻撃的コミュニケーションで突っぱねたとすると、自分はカレーが食べられて OK でも、相手は OK ではないでしょう（自分→ OK、相手→ OK でない）。それに、そのうち周りから敬遠されるようになって、実は自分も長期的には OK ではなくなりそうです。

では「うーん、今日は朝からカレーが食べたかったんだよね……」（④）と答えるとどうでしょうか。別行動になっても自分はカレーが食べられて OK ですし、案外同僚が提案に乗ってくるかもしれません。自分の気が変わって一緒にラーメン屋に行ったとしても、希望を伝えた上で納得してラーメンを食べているので OK です。相手も、ラーメンを食べたいという意見が尊重されており、やはり OK です（自分→ OK、相手→ OK）。この、自分を率直かつストレートに表現するコミュニケーションをアサーションといいます。

▼
アサーションとは

アサーションはもともと、意見を表明する、権利を主張する、という意味のアサート（assert）という動詞から派生した言葉で、アサーティブネスという言葉もほぼ同意語です。日本語にすると「自分と相手を尊重する自己表現」ですが、わがまま、自己中心的、といったイメージが付きまとうので、一般的にカタカナ表記されます。

アサーションのポイントは、相手を尊重しつつ自分を主張するというところにあります。だれしも②や③のように皮肉を言われたり攻撃されたりすると、相手の意見も聞き入れにくくなりますし、①のように違う意見を飲み込んでしまわれては、交渉しながら仕事を進めるという関係がそもそも成り立ちません。④のように違う意見を尊重しつつ自分の意見を表明し、自他の利益を考えた Win-Win の関係づくりを目指しましょう。

アサーションを実践するのが難しい理由としては、結果や周囲を気に

しすぎる、自分の考えや判断に自信がない、といったことが考えられます。また自分の気持ちを否認したり抑圧したりして、自覚すらできていないこともあります。さらに日本文化の特徴として挙げられるのが、「反論」と「攻撃」が混同してしまいがちなことでしょう。学校教育の中で討論する機会が少ない日本では、違う意見を唱えることがそのまま、相手への個人攻撃だと受け取られることが多いようです。しかし、職場が多様化するなかで、自分の当たり前はどんどん通用しなくなっており、お互いの意見を提示した上で1つずつ交渉する場面は増え続けています。業務を効果的に進めるために、アサーションのスキルが役立ちます。

組織が従業員を尊重して可能になるアサーション

「まるみ」の事例（86頁）では、当事者であるくみさんやとみさんが素直に希望や限界を提示する様子が描かれていますが、従業員がこれだけ直截に自分の意見を言える職場は残念ながらそう多くはないと思われます。2人のアサーションを可能にしているのは、何より社長である三鴨さんの、お互いのことを大事に思って結論を出す、という信念によるところが大きいでしょう。

仕事に従業員を当てはめるのではなく、一人ひとりの働き方のスタイルを尊重することが障害者のリテンション（人材の定着）につながる、という視点は、働き方改革全般の推進にも参考になると思われます。

《ポイント》

- ●自他の利益を考えた Win-Win の関係をつくるために、アサーションを活用する。
- ●「反論」と「攻撃」は別のものと心得る。
- ●組織が従業員を尊重することで、職場でのアサーションが可能になる。

ソーシャル・インクルージョン（社会的包摂）

できない部署のない障害者雇用を目指して

▼

ソーシャル・インクルージョンとは

ソーシャル・インクルージョン（社会的包摂）は、「すべての人々を孤独や孤立、排除や摩擦から援護し、健康で文化的な生活の実現につなげるよう、社会の構成員として包み支え合う」という理念です[*1]。1970年代以降、フランスを中心にヨーロッパでは移民の増加などにより産業構造が変化し、長期失業・貧困から抜け出せなくなる労働者が多数発生しました。この現象をソーシャル・エクスクルージョン（社会的排除）と呼んだのに対し、1980年代以降、社会参加の可能性を保障するソーシャル・インクルージョンがEU加盟国共通の目標として掲げられてきました。この概念は日本でも近年、福祉の分野をはじめ、さまざまな社会政策の文脈で語られています。

日本語ではもともとのincludeがそのまま訳されて「（〜を）包み支え合う」という、受け入れる側の社会を主語とする表現が用いられているのに対し、英語ではparticipate「参加する」という、当事者を主語とする表現で説明されています[*2]。当事者が参加し声を上げる機会を保障するのが社会の責任である、ということが、英語ではより明確に規定されているといえるでしょう。

社会的排除は貧困に限らず、肌や目の色の違い、言葉の違い、宗教の違い、障害の有無、といったさまざまな理由で起こり得ます。裏返すと、ソーシャル・インクルージョンは福祉だけでなく、あらゆる日常生活の場面に起き得るのです。職場や学校ももちろん、例外ではありません。

▼ スペシャリストとしての障害者雇用

　さて、ソーシャル・インクルージョンを障害者雇用の文脈で考える際に問題になるのが、障害者雇用の算定条件として短時間勤務が認められていないことです。週20時間以上勤務できなければ算定率に反映されないとなると、会社側は長時間労働が難しい障害者の雇用に踏み切りにくくなります。

　日本の労働市場は長らく、ジェネラリストを求めてきました。職務記述書（ジョブ・ディスクリプション）で一人ひとりの業務内容を詳細に定義する習慣は、多くの職場にはありません。しかし、あるスキルが高い人に活躍してもらうとなると、その人の業務を具体的に規定してスペシャリストになってもらったほうがよい場合も多いでしょう。「ドクターX」は論文作成や雑務をしないでよい環境でこそ、手術の腕を振るうことができるのです。

　同じようなことは障害者雇用においてもいえます。ジェネラリストの視点で、障害者に切り出す仕事を探している限りは、障害者雇用は特定の部署でしか実現しません。得意なことがある人には、スペシャリストとしてそれにマッチする業務に就いてもらえるような体制づくりができれば、障害者にも活躍の場は広がるでしょう。そのためにはフルタイム勤務を前提とした旧来の雇用形態の枠を取り払った、新しい雇用の形が必要なのかもしれません。一部の組織では、IDEA（Inclusive and Diverse Employment with Accommodation、インクルーシブで多様な配慮を伴う雇用）モデルなどもすでに、導入が始まっています[*3]。

▼ 組織と本人の双方向で可能になるソーシャル・インクルージョン

　「サンキュウ・ウィズ」の事例（95頁）で当事者の和田さんは、大学と職場でのエピソードを語っています。彼は中退を告げた大学では学長から慰留され（include）、自分もカウンセリングを受けて大学に残ることを選びました（participate）。また職場では、障害者として受け入れら

れた（include）だけでなく、指示された以上のことをやる（participate）人と上司の池田さんから評価されています。ソーシャル・インクルージョンが、組織側の環境整備だけでなく、本人の能動的な取り組みが伴って初めて実現するということがわかります。

　本人の参加を促すために、組織にはまず、機会を保障することが求められます。それに加え、本人がモチベーションを維持できるよう、ポジティブなフィードバックをするよう努めましょう。その際は、ジェネラリスト的な型に当てはめるのではなく、スペシャリストとしての特性に注目することが重要です。

《ポイント》

- ●ソーシャル・インクルージョン（社会的包摂）は、「すべての人々を孤独や孤立、排除や摩擦から援護し、健康で文化的な生活の実現につなげるよう、社会の構成員として包み支え合う」という理念である。
- ●ソーシャル・インクルージョンは、組織の環境整備と本人の能動的な参加が伴って初めて実現する。

＊1 厚生労働省「社会的な援護を要する人々に対する社会福祉のあり方に関する検討会」報告書，2000年
＊2 国際連合. 2016 Report on the World Social Situation
＊3 東京大学先端科学技術研究センター人間支援工学分野 http://ideap.tokyo/

第 3 章

合理的配慮をどう考えるか

就労支援の実践から考える
人とつながり、支え合うことと合理的配慮

ボーン・クロイド

東京・下町の銭湯の事業所で「合理的配慮」について考える

　私は現在、東京・墨田区にある「御谷湯」という銭湯を拠点に就労継続支援B型事業所を運営しています。銭湯を拠点に福祉事業を運営と説明されてもピンとこないかもしれませんが、東京でも規模の大きな5階建ての銭湯の2階に事務所を置き、清掃など銭湯の裏方の業務を作業として行っています。

　墨田区は東京の下町にあり、人とのつながりを大切にしている地域です。そのような下町の銭湯とコラボして「人・もの・街をつなげよう！支え合おう！」をテーマに、精神障害の人を中心に、発達障害、知的障害、高次脳機能障害の人たちの就労支援を行っています。

　精神障害者支援団体の作業所に就職し、就労支援を始めてから20年ほどが経ちますが、この仕事を始めたころは、精神障害者が一般就労をするための環境は全く整っていない状態でした。

　この20年間で、精神障害者の雇用に関する法的な整備も進み、障害者に対する「合理的配慮」が法律で規定されるまでになりました。

　しかし、日々精神の状態に不安を抱え、人とのコミュニケーションに難しさを感じている障害当事者にとって、社会とのかかわりはまだまだハードルが高いものがあり、ましてや、雇用の場では障害者に対する理解や配慮が本当には深まったとは言えない状況だと感じています。それはなぜなのでしょうか。

　精神障害者を中心に障害者雇用にかかわってきた20年の経験から感じた、私なりの障害者雇用における「合理的配慮」について「人とのつ

ながり、思いやる心」をキーワードに、考えてみたいと思います。

「人と人」「文化と文化」の架け橋となる仕事

　私は日本人の母とアメリカ人の父の間に生まれ、日本とアメリカ両国の文化の中で育ちました。大学を卒業するにあたり、明確な人生目標が見つからないまま、何となく、人と人、違った文化と文化をつなぐ架け橋となるような仕事をしたいと考えていました。また、人の弱さや生きていくことの大変さも子どものころから考えるようになっていました。さらに、熱心な仏教徒であった母方の祖母の影響もあって、中学生のころには「人が生きるということ、死ぬということ」つまり、死生学を仏教の観点から学びたいと思うようになり、そのことが障害者支援という自分の人生を決定づける仕事につながっていくのです。

　最初に就いた仕事は日本語講師で、日本で数年間教壇に立ちました。日本に憧れ、技術や経済を学びに来た中国や韓国などの留学生に日本語を教えた後、ロサンゼルスに渡って日本語講師を続けました。父の仕事の関係でハワイで暮らしたことはありましたが、それまでアメリカ本土で暮らしたことがなく、国籍はアメリカ、教育は日本で受けた私の、いわゆる自分探しの旅の意味もあっての渡米でした。

　そこで、友人がかかわっていた HIV/AIDS 関連のボランティア活動を見学した経験をきっかけに、アメリカには HIV/AIDS に関連するものだけでもさまざまなボランティア活動があることを知りました。

　1980 年代中ごろから 1990 年代にかけて、HIV/AIDS はまだ死と直結するイメージの感染症で、無理解から来る差別の対象でもありましたから、自分も何かをしなければ、という使命感のような感情も生まれていました。

　一旦日本に帰国し、数年後、サンフランシスコに渡り、曹洞宗系のエイズホスピスでボランティア活動に参加しました。それと同時に、日本で仏教の死生学とホスピスについて学ぶために、京都にある仏教系大学の専攻科への入学を決めました。

約2年間のサンフランシスコでのAIDSホスピスボランティアののち、京都の仏教系大学に入学し、学業の合間に、先生方の紹介などでつながった認知症の人の介護施設や知的障害者や精神障害者の作業所、路上生活者を治療している病院など、いくつかの介護・福祉・医療系の施設でボランティア活動を経験しました。

私にとってはこれらのボランティア経験がその後の福祉職としてのすべてのベースになっているのですが、中でも、当時もっとも支援体制が立ち遅れ、時代錯誤な差別の対象にさえなっていた、精神障害者の支援に興味を持ち、精神障害者支援を一生の仕事としたいと考えるようになりました。縁あって墨田区の精神障害者施設に就職したのは、ちょうど2000年のことでした。

新人職員の私が、精神障害のある人の就労支援担当になった背景

精神障害者施設では、作業所の職員としての採用でしたが、業務の1つとして20代後半の男性Aさんの就労支援も担当することになりました。Aさんはうつ病と関係妄想の症状があり、軽度の知的障害もあると診断されていました。彼は元々、作業所と関連のある精神科クリニックの患者でしたが、就労と自立を望む家族の強い希望で、作業所で作業訓練をしつつ、一般就労を目指していました。

就労支援の知識がまったくなかった新人職員の私に、なぜ就労支援業務が回ってきたのでしょうか。おそらく、他の職員はだれも就労支援をやりたくなかったからだと思います。

20年前の福祉職にとって、ハローワークや企業とかかわっていくことは畑違いのことで、苦手意識があったのだろうと思いますし、重複した障害をもち、作業能力も高い方ではなかったAさんが就職できるイメージがつかめなかったのだとも思います。

しかし、Aさんの支援を始めてすぐに、私自身も精神障害者が一般就労を目指すことがいかに大変なことかを知ることになりました。当時、

精神障害者の就労支援はまだそのノウハウが確立されておらず、そもそも精神障害者を一般社会に送り出す役割のはずの福祉側も、迎え入れる企業側も、さらに、ハローワークでさえも精神障害者が一般就労できるとは考えていなかったのです。

ハローワークからのショックなひとこと

忘れられない出来事がありました。ある日、障害者対象の合同企業面接会があることを知った私は、Aさんに相談の上、合同面接会に関する情報収集のため、ハローワークに電話をしました。

窓口の担当者は日時や参加するための手続き方法などを丁寧に教えてくれましたが、最後に「精神障害の方は参加しても相手にしてもらえないと思いますよ。精神障害者を雇用する会社はありませんから」と言われたのです。そのようなことをハローワークの担当者に言われたのがショックで、絶望的な気分になったのを記憶しています。

当事者・Aさんと共に歩んだ1年半

その後も困難な状況は続きました。しかし、支援開始後、数か月が経ったところで、Aさんの両親や姉夫婦がケア会議にわざわざ集まってくれるなど、家族のサポートが手厚かったことや、Aさん自身も就職したのち結婚し、子どもをもちたいという強い希望があり、就労へのモチベーションが下がることはありませんでした。

その間、私自身も知的障害者支援団体が提供しているジョブコーチ研修を受講したり、わずかに出版されていたジョブコーチのマニュアル本などを参考に、企業や作業内容とのマッチングの重要性、現場での作業分析、課題分析、人的環境を含めた環境分析と問題がある場合のその調整能力が就労支援者には求められることなど、論理的な就労支援方法を学ぶことができました。

幸いなことにそれらの学びをメンタル面のサポートが重要な精神障害者の支援にアレンジすることができたことなどから、支援開始から1年

半という時間を経て、Aさんの大手運送会社への就職を実現させることができました。

1年半という時間が長かったのか、困難な状況のわりには短かったのかは判断がわかれると思いますが、1年半の間、Aさんと私は、おそらく当時、東京都内でも一か所だけで行われていた精神障害者向けの就労セミナーにそろって参加したり、いくつかの企業に見学や面接に行ったりするなど充実した時間を過ごすことができました。ハローワークも、親身になって相談にのってくれるところを求めて、3〜4か所は回ったと記憶しています。

Aさんと、家族のこと、人付き合いのこと、趣味のこと、結婚観についてなど、プライベートな話を含めて、とにかくたくさんの話をしました。また、企業訪問で冷たい扱いをされ、2人でつらい思いをしたことが何度もありました。

就職が困難と思われていたAさんを就職させることができたことからか、近隣の作業所でも評判になり、支援を求めて徐々に人が集まるようになりました。潜在的に就職をしたいと思っていた精神障害者はいたのでしょうが、医療機関や福祉施設の職員からの情報も少なく、就職したいという気持ちがあっても、自分が就職できるという自信につながる事実が周りに少なかったのではないかと思います。

特別扱いではない「少しだけの配慮」

私が就労支援を始めて2、3年後のこと、年間数名の精神障害の人を就職させることができるようになり、私も就労セミナーなどに講師の立場として呼ばれるようになっていました。

そんな折、あるセミナーで初めて「配慮」という言葉を耳にしました。その話をされたのは清楚な感じの30代前半の女性で、精神障害をもつ当事者の講師として登壇していました。彼女は何度も障害をオープンにして就職面接を受け、そして何度も落とされ、運良く合格して就労できても、一般の人と同じ条件では身体に負担がかかり、こころざし半ばで

退職するということを繰り返しているとのことでした。

　彼女が「配慮」に関して話した内容は次のようなものだったと記憶しています。

　「会社に特別扱いしてほしいわけではありません。ただ、少しだけの配慮をしていただけたら、働けるようになると思うんです」

　「少しだけの配慮」とはどういうことだったのか。労働時間、業務量、人的環境の調整など、さまざまなことが考えられますが、「少しだけ」とわざわざ言葉を加えたところに、彼女の救いようのない切なさが伝わってくるような気がしました。

パターン化されてしまう配慮

　「合理的配慮」という言葉を頻繁に聞くようになったのはそれからさらに2、3年後のことです。「配慮」という言葉は本来、他人に対する優しさ、思いやりの気持ちをあらわすものだと思いますが、「合理的」という文字が付いただけで、何だか固い、形式的な表現に感じられます。

　私自身は就労支援の現場で合理的配慮という言葉を使ったことがほとんどありません。幸いなことに、合理的配慮についてわざわざ確認をし合わなくても良い企業との出会いが多かったからだと思います。

　改めて厚生労働省が2016年に精神障害者を対象としてつくった合理的配慮指針事例集を確認すると、「面接時に、就労支援機関の職員等の同席を認めること」「業務指導や相談に関し、担当者を定めること」「業務の優先順位や目標を明確にし、指示を1つずつ出す、作業手順をわかりやすく示したマニュアルを作成する等の対応を行うこと」などと書かれています。

　支援者の立場からすれば、このようなことをわざわざ厚生労働省が発表しなければならないこと自体、合理的配慮が日本で当たり前のことになるまでには、まだまだ時間がかかるととらえています。

　「配慮とは他人に対する優しさや思いやりの気持ち」と書きましたが、私が日本の福祉サービスや障害者雇用について考えるとき、唐突に聞こ

えるかもしれませんが、レストランや旅館のサービスを思い浮かべます。例えば、日本の一流レストランや老舗旅館のサービスはおもてなしの精神に優れ、欧米系の三ツ星レストランや有名ホテルのサービスと比較しても評価が低くないと考えられています。しかし、私は少し違った見方をしています。

半分アメリカの文化に染まった人間の偏見かもしれませんが、日本の"一流"のおもてなしはパターン化され、柔軟性に乏しいことが多いような気がするのです。

料理について考えてみると、出来上がった料理は豪華で見た目も美しく、味もすばらしいとしても、食事をするお客様の好みに合わせて細かく味付けや火加減、さらに、ベジタリアンやハラル（イスラム教の食事）などの宗教上の制約まで対応できるところは少ないように感じています。アレルギーの有無について聞くようになったのも最近のことです。しかし、私の経験上、少なくともロサンゼルスの中流以上のレストランでは、30年前にはすでにそのような客の好みや習慣に合わせた細かな対応ができていました。

本当に質の高いサービスとは、お客様のあれやこれやの個別のお願いに、どれだけ誠実に答えられるかだと思っています。心のこもったおもてなしとは、そういうことだと思うのです。欧米系の一流ホテルにはコンシェルジュが必ず配置されているのもその表れの１つといえます。

わがまま＝個別ニーズ

障害者雇用で企業に求められているのも心のこもった「おもてなしの精神」＝「配慮」ではないでしょうか。私はよく障害当事者にもっとわがままを言ってもいいと伝えます。他の福祉職員にはびっくりした顔をされますが、障害福祉分野に限らず、世の中のサービスの質は利用者一人ひとりの「わがまま」によって向上されるのだと考えています。「わがまま」という言葉が不適切なら、「わがまま」＝「個別ニーズ」と言い換えてもよいでしょう。

何年か前にこんなエピソードがありました。丸の内に本社を構える大きな会社の事務職として採用された人が、入社半月前になって突然、2週間入院すると連絡してきたのです。私も一瞬、「えっ！」となり、周りの職員もその行動を理解できないようでした。しかし、その人としては新しい職業人生を迎えるにあたって、エネルギーを充填するために、入院するという行動が必要だったようです。

　もしかしたら、一般的には理解できないような考え方や行動にこそ、障害当事者が必要としている本当のニーズが詰まっているのかもしれません。

支援者は、通訳者であり並走者でもある

　最後に、支援者、企業、当事者それぞれにとっての「合理的配慮」とは何なのかを私なりに整理してみたいと思います。

　施設と職場という環境の変化による本人のやる気への影響までは計り知ることができないからでしょうか、福祉施設での就労準備性の評価がいつでも正しいとは限りません。私の経験上、福祉職員よりも企業の担当者の方が障害者の可能性を引き出す力があるように感じることも少なくありません。福祉職員も施設を飛び出し、日々、生産性の向上に取り組む障害者雇用をしている企業などで実習体験をし、障害者の能力開発と評価の仕方について学んでみてもよいと思います。

　最近は大企業ばかりでなく、従業員200人以下、100人以下の中小企業も障害者雇用を始めるところが多くなってきています。そのような企業は、障害者雇用の経験もノウハウも少なく、雇用すること自体に不安を感じているところも多いのです。経験が少ない分、外部の支援者の意見を受け入れてくれる可能性も高いですから、ハローワークと協同しての障害者雇用のシステムづくりも可能だと思います。企業をサポートすることで担当者の不安を軽減できれば、雇用される当事者にもよい影響があると思います。

　支援者は当事者のサポートばかりでなく、企業のサポートも求められ

ることがあります。もちろん、軸足は当事者側に置いていることは言う
までもありませんが、企業側の文化や考え方も理解した上で、当事者と
企業の共通言語を見つけ、橋渡しをする通訳者のような役割を担う場面
も多くあります。そのためにも、それぞれ違う環境や文化で育った双方
の人たちの話をよく聞き、それぞれのギャップを知った上で、落としど
ころを見極めることがとても大切になります。

　支援者にとって何より大切なのは、当事者はこれまで経験したことが
ない環境に踏み出そうとしていて、大きな不安を抱えていることを理解
することでしょう。支援者は不安な気持ちを当事者と共有し寄り添いな
がら、この就職という人生の大きなイベントを乗り切るべく、並走者と
して、当事者に対して「いつもそばにいるから大丈夫だよ」というメッ
セージを言葉や態度で伝えてあげるとよいでしょう。

企業担当者がもつべき視点

　企業の担当者も障害者雇用の経験が少ない場合は、不安は大きいもの
と思います。多くの場合、障害者雇用は1つの部署で一人、または少数
の担当者が集約的に担っていることが多く、孤立しがちです。不慣れな
状態で不安を抱えているあまり、当事者に対し、事務的な態度で接して
しまったり、逆に、腫れ物に触るように、特別扱いをしてしまったりす
る人もいます。先に紹介した就労セミナーで当事者の立場で講師を務め
ていた女性も言っていたように、当事者は特別扱いされることを望んで
いるのではなく、普通で自然な対応をしてもらった上で、職場の仲間と
して認められていると実感することで安心します。

　障害者雇用を進めようとするとついつい、障害者を同じ部署に集めて
しまうことがあると思います。しかし、障害者一人ひとりのパフォーマ
ンスを最大限発揮してもらうためには、必ずしもそれはよい方法ではあ
りません。さらに、なぜ企業が障害者を雇わなければならないのかを考
えた場合、それは単に、仕事を与えればよいというものではなかったは
ずです。そこには、ダイバーシティー（多様性）の実現を目指す企業理

念があったはずで、それには、一人ひとりの社員が、障害者が身近にいることを知り、共に働く工夫をし、いつの日か、障害者が隣の席で仕事をしているのが当たり前になり、そして、隣にいるのが障害のある人か、障害のない人か意識もしなくなるような、それでいて、思いやりと配慮のある社会になることを目指していたはずです。

　そういう意味でも、管理のしやすさを優先し、障害者を一か所に集めて仕事をさせようとするのは不自然です。早くそのことに気が付いてほしいと思いますし、そういう意味で私たち福祉職が運営している障害者施設も、いずれはなくなることが望ましいのかもしれません。

当事者は、「わがまま」を伝える技術を

　それでは、障害当事者はどのような準備と心もちで企業で働くということを考えたらよいでしょうか。もちろん、その必要性があれば、職業訓練など、技能を高める努力は必要でしょう。しかし、それよりも大切なのはコミュニケーション能力です。仕事をする中でのコミュニケーション能力というと通常、「オアシス（おはよう、ありがとう、失礼します、すみません）」といった挨拶や「ホウレンソウ（報告・連絡・相談）」のことと思われがちですが、それ以上に大切なのは自分の能力や気分の変化、障害特性や性格から来る苦手なことや、逆に得意なことを自分の言葉で相手に伝える能力です。

　先ほど、障害者はもっとわがままでいいと書きました。企業で働き始めたら、「わがまま」＝「私なりのありよう」＝「個別ニーズ」＝「求める配慮」を伝えるのです。わがままを言っていいというと誤解されそうですが、それを伝えるときには、社会人として、そして、企業人としての言葉づかいや態度が求められることは言うまでもありません。自分への配慮をお願いするときには、それを相手が気持ちよく受け入れられるようにすることが大切になります。

　就労を目指す当事者に伝えたい言葉があります。私がＡさんの支援を始めてすぐのころに知った言葉で、それは「あわてない」「あせらな

い」「あきらめない」の「3つのあ」という言葉です。だれが最初に言った言葉かわかりませんが、私はある精神科医が病気の治療における心得として患者に話しているのを聞きました。

「あわてて、あせって病気を治そうとしても、かえって状態を悪くしてしまうよ。治るまでには長い時間がかかるかもしれないけど、治すことをあきらめなければ、きっといつか、病気は良くなるよ」というようなものでした。

この「3つのあ」は就労の場面でも当てはまる言葉です。就職前の訓練場面でも、就職後も思いどおりにならず、苦しいこともあると思います。それでも、結果を出そうとあわてることなく、精神的に追い詰められてあせったりせず、ときどき深呼吸して、落ち着いて行動する。そして何よりも、いずれ、良い結果が出ることを信じて、就労することを、人生の経験を豊かにすることを、あきらめないことが大切です。

精神障害者の就労支援で、私自身が得たもの

私は大学を出て就職するときに、人と人、文化と文化をつなぐ架け橋となるような仕事をしたいという目標を立てていました。その目標は日本やアメリカで日本語講師をすることである程度達成できたように思っていました。

さらに、障害者の就労支援という役割を与えられたことで、私の人生は大きく変わりました。他の障害と違い、体調管理の困難さや社会の偏見などのせいで、それまで一般の社会で働くことがほとんど不可能と思われていた精神障害者の潜在能力を見出し、企業の理解を得るために話し合い、障害者と企業をつなぐ架け橋となることができました。

また、ふと振り返ると、私自身も日本語講師をロサンゼルスでしているときに人とのつながりからボランティアに興味をもち、さらに、ホスピスボランティア、死生学の勉強、障害者支援へとつながっていったことに気付かされます。そこには何人もの人との出会いがあり、彼ら、彼女らが導いてくれたことで新しいつながりができ、20代のころには想

像もしていなかったステージで仕事をすることができたのでした。

　その新しいステージでの仕事のきっかけをつくってくれたのはほかでもない、Aさんでした。Aさんが私の支援を必要としてくれたおかげで、私は精神障害者の就労支援というそれまで経験したことのない専門性と出会うことになり、私の職業人生の着地点へと導いてくれました。持ちつ持たれつ、実はAさんと私は職業選択という部分で助け合っていたのだと気付かされます。

＊　＊　＊

　Aさんは就職後7年間、片道2時間弱かかる会社に通い続け、40歳を前に体力の衰えを理由に退職しました。就労へのモチベーションだった結婚という夢は叶いませんでしたが、7年間の就労経験は彼の人生にとっての大きな成功体験として記憶され、自信になっていると信じています。

　支援していた当時、他人との関係性、特に友人をつくることに困難さを感じていたAさんは、よく私に「ボーンさんはぼくの友だちですよね」と聞いてくることがありました。それだけ人との関係性に悩み、孤独を感じていたのだと思いますが、そんな彼に私は、あえて、「違うよ、ぼくは君の支援者だよ」と答えていました。

　しかし今、Aさんの支援から離れて10数年が経ち、私は60歳を超え、出会ったときには20代だった彼も、まもなく50歳になろうとしています。今でも1年に1回、私との東京散歩を楽しみに、お隣の県から会いに来てくれるAさんは、私の数少ない親友の一人であり、私の職業人生を導いてくれた恩人の一人だと感じています。

法律・制度から考える
活力ある社会を生み出すための合理的配慮

又村あおい

　皆さんの職場では、障害のある人はどのように働いているでしょうか。

　昭和62（1987）年にそれまで「身体障害者雇用促進法」と呼ばれていた法律が改正され、「障害者の雇用の促進に関する法律」（障害者雇用促進法。以下、雇用促進法）と変更されるとともに、それまで身体障害限定だった障害者雇用の対象がすべての障害種別に適用されるようになって35年近くが経過しました。今や障害者と一緒に働く職場は、決して珍しいものではありません。

＊　＊　＊

　しかし、身体障害の特性にあわせた、いわゆる「バリアフリー」の職場環境が整いつつある一方で、それ以外の知的・発達・精神障害者が働くための職場環境はどうでしょうか。とりわけ、近年になって就労実績が向上している精神・発達障害者（以下、精神障害者）は、働くための環境調整や配慮の提供が良好であれば高い生産性を示すケースが多いとされる反面、適切な配慮事例は十分蓄積されているとは言いがたい状況です。

　一方で、平成25（2013）年の雇用促進法改正においては、国連で採択された「障害者の権利に関する条約」（障害者権利条約。以下、権利条約）で示された「障害者差別の禁止」「合理的配慮の提供」という考え方を取り入れた見直しがなされました（施行は平成28年4月1日）。

　この法改正により、雇用の場面における障害を理由とする不当な差別的取扱い（以下、差別的取扱い）が全面的に禁止されたほか、障害の特性に応じて必要とされる配慮（合理的配慮）の提供が義務づけられまし

た。企業や事業者が障害を理由に処遇や昇進等を差別するような扱いは禁止されますし、障害の特性に応じて業務で必要な、あるいは業務上のパフォーマンスを向上させるような配慮を提供することが義務づけられたことになります。

さらに、平成30（2018）年度からは障害者雇用のルールも改正され、新たに精神障害者が障害者の法定雇用率（以下、雇用率）を算定する際の対象となりました（従来は身体・知的障害者のみ対象）。これにより、企業等が雇用すべき障害者の総数が増加し、段階的に雇用率が引き上げられることになります。その一環として令和3（2021）年3月から民間企業における雇用率が2.2%から2.3%へ改められており、新型コロナウイルス感染症の影響は勘案される可能性はありますが、今後も段階的に引き上げられていくものと思われます。

障害者雇用は「特別」なもの？

それでも、職場の中には未だに「そうは言っても障害者雇用は数も少ないし例外的な一部のこと」と考えておられる人もいるかもしれません。

実際のところはどうでしょうか。令和2（2020）年の「障害者白書」（内閣府）によると、障害者数は約964.7万人であり、各障害間の重複を勘案しても総人口の7.6%程度は障害者といえます。平成28（2016）年の調査では6.7%でしたから、4年間で0.9ポイントの伸びです。

障害種別	総数	人口千人当たり
身体障害者（身体障害児を含む）	436.0万人	34人
知的障害者（知的障害児を含む）	109.4万人	9人
精神障害者	419.3万人	33人

※ここでいう「障害者」は、障害者手帳所持または精神科通院医療費助成対象者のこと

また、同じく内閣府が公表している令和2（2020）年の「高齢者白書」によると、令和47（2065）年の時点で65歳以上が38.4%に達し、75歳以上の割合は25.5%になると推計されています。つまり、65歳以上の

障害者が相当数いると勘案しても、国民の半数近くが障害者または高齢者となる社会が到来するということです。こうした社会情勢を背景に、国でも高年齢者雇用安定法という法律を定め、定年年齢の延長など70歳までの継続雇用を企業等への努力義務としています。

　一般的に、高齢者は体力面の不安がありますし、中には軽度の認知症状を抱えながら仕事を続ける人もおられるでしょう（ちなみに、認知症は精神障害の一類型です）。何より、児童生徒が就業人口には入らないことを考えると、2065年の日本において、高齢者や障害者を雇用の枠組みから除外するということは、国民の半分以上を採用対象から外すに等しいわけです。そのようなスタンスで、果たして企業の存続が図れるでしょうか。

　障害者雇用の取り組みは「少数が対象の特別なこと」ではなく、先手を打って50年先の雇用環境へ対応することなのです。

雇用分野における障害者差別解消に関する法令

　わが国の障害者に対する雇用分野の支援は、前述の雇用促進法が根拠となっています。昭和35（1960）年に法律ができたときには「身体障害者雇用促進法」という名称であり、その名のとおり対象者は身体障害者に限定され、職業リハビリテーションが重視されていました。

　その後、昭和51（1976）年には法定雇用率制度が発足し、企業に対して障害者を雇用する義務を課したほか、昭和62（1987）年には知的障害者が法律の対象となりました。現在は、精神障害を含むすべての障害特性が対象となっており、平成30（2018）年度からは精神障害者も雇用率算定の対象となった点は前述のとおりです。

　こうした動きをさらに強く後押ししたのが、権利条約です。権利条約では、第27条に「労働及び雇用」という条文を置き、その中で他の者との平等を基礎とした公正かつ良好な労働条件、安全かつ健康的な作業条件などを権利として保証することを条約締結国に求めています。また、あらゆる雇用形態における募集、採用及び雇用の条件、雇用の継続、昇

進などに関する障害を理由とした差別（以下、障害者差別）を禁止し、職場における合理的配慮の提供を確保することが示されています。

障害者権利条約における労働・雇用分野の障害者差別禁止

第 27 条　労働及び雇用

1　　締約国は、障害者が他の者との平等を基礎として労働についての権利を有することを認める。この権利には、障害者に対して開放され、障害者を包容し、及び障害者にとって利用しやすい労働市場及び労働環境において、障害者が自由に選択し、又は承諾する労働によって生計を立てる機会を有する権利を含む。締約国は、特に次のことのための適当な措置（立法によるものを含む。）をとることにより、労働についての障害者（雇用の過程で障害を有することとなった者を含む。）の権利が実現されることを保障し、及び促進する。

（a）　あらゆる形態の雇用に係る全ての事項（募集、採用及び雇用の条件、雇用の継続、昇進並びに安全かつ健康的な作業条件を含む。）に関し、障害に基づく差別を禁止すること。

（b）　他の者との平等を基礎として、公正かつ良好な労働条件（均等な機会及び同一価値の労働についての同一報酬を含む。）、安全かつ健康的な作業条件（嫌がらせからの保護を含む。）及び苦情に対する救済についての障害者の権利を保護すること。

（略）

（i）　職場において合理的配慮が障害者に提供されることを確保すること。

（略）

　権利条約は国連で採択された国際条約ですので、これを国内でも適用させるためには、国内の法制度を権利条約に適合させる必要がありま

す。そこで日本においてはまず平成23 (2011) 年に障害者基本法（以下、基本法）を改正し、わが国における差別的取扱いの禁止と合理的配慮の提供に関する考え方を示しました。

障害者基本法における「障害者差別禁止」の基本原則

（差別の禁止）

第4条　何人も、障害者に対して、障害を理由として、差別することその他の権利利益を侵害する行為をしてはならない。

2　社会的障壁の除去は、それを必要としている障害者が現に存し、かつ、その実施に伴う負担が過重でないときは、それを怠ることによつて前項の規定に違反することとならないよう、その実施について必要かつ合理的な配慮がされなければならない。

（略）

これにより、権利条約との関係性でみると、第1項の「障害を理由とする差別的取扱い」をすることのみならず、第2項の「障害ゆえに生じる障壁（バリア）の除去に関する配慮（合理的配慮）」を提供しないことも、障害者差別に当たりうる行為として示されたことになります。

ただ、基本法は障害者施策の基本原則、方向性を定めた法律であり、場面ごとの具体的な取り組みについては特段の規定がありません。そこで、基本法第4条の規定も踏まえ、雇用分野における障害者差別の解消を目指して雇用促進法が改正されたわけです。そのため、改正雇用促進法で新たに規定された条文には、かなり踏み込んだ表現で差別的取扱いの禁止と合理的配慮の提供が規定されています。

なお、雇用分野以外の分野については、障害を理由とする差別の解消の推進に関する法律（障害者差別解消法。以下、差別解消法）が差別的取扱いの禁止と合理的配慮の提供などに関する規定を置いています。

改正雇用促進法における差別的取扱いの禁止と合理的配慮の提供

（障害者に対する差別の禁止）

第34条 事業主は、労働者の募集及び採用について、障害者に対して、障害者でない者と均等な機会を与えなければならない。

第35条 事業主は、賃金の決定、教育訓練の実施、福利厚生施設の利用その他の待遇について、労働者が障害者であることを理由として、障害者でない者と不当な差別的取扱いをしてはならない。

（雇用の分野における障害者と障害者でない者との均等な機会の確保等を図るための措置）

第36条の2 事業主は、労働者の募集及び採用について、障害者と障害者でない者との均等な機会の確保の支障となつている事情を改善するため、労働者の募集及び採用に当たり障害者からの申出により当該障害者の障害の特性に配慮した必要な措置を講じなければならない。ただし、事業主に対して過重な負担を及ぼすこととなるときは、この限りでない。

第36条の3 事業主は、障害者である労働者について、障害者でない労働者との均等な待遇の確保又は障害者である労働者の有する能力の有効な発揮の支障となつている事情を改善するため、その雇用する障害者である労働者の障害の特性に配慮した職務の円滑な遂行に必要な施設の整備、援助を行う者の配置その他の必要な措置を講じなければならない。ただし、事業主に対して過重な負担を及ぼすこととなるときは、この限りでない。

（助言、指導及び勧告）

第36条の6 厚生労働大臣は、第34条、第35条及び第36条の2から第36条の4までの規定の施行に関し必要があると認めるときは、事業主に対して、助言、指導又は勧告をすることができる。

※ 波線は筆者による

法律条文そのものは少しわかりにくいですが、第34・35条では、障害を理由として募集や採用、賃金や待遇を差別してはならないことを規定しており、第36条の2・3では、事業主に過重な負担を課さない範囲において、募集や採用、均等な待遇や就業能力の発揮などに関して障害の特性に配慮した措置を講じることを義務としています。

　また、第36条の6では、障害者雇用分野を所管する厚生労働大臣が、これらの対応を怠った事業主に対して助言、指導及び勧告をすることができるとしています。

　なお、雇用分野に限らずあらゆる分野を対象とした差別解消法では、権利条約や基本法などで示された「不当な差別的取扱い」や「合理的配慮の提供」に関する具体的な考え方を示すとともに、対象となる主体や差別解消措置の義務（または努力義務）に関する規定、差別解消措置を具体的に推進するための「基本方針」や「対応要領」「対応指針」の作成に関する規定、相談体制や紛争解決に関する規定、障害者差別解消支援地域協議会（以下、地域協議会）に関する規定、啓発活動や情報収集に関する規定を置いています。

　差別解消法では、民間事業者の合理的配慮の提供を努力義務（提供されなくても法律違反とはならない取扱い）としていましたが、令和3（2021）年6月4日に改正法が成立し、合理的配慮の提供に関して民間事業者についても義務化されることになりました。

法令にみる合理的配慮とは

　ここまで、雇用分野における差別的取扱いの禁止、職場における合理的配慮の提供について、法令上の位置づけを整理してきましたが、差別的取扱いは理解しやすいものの、合理的配慮についてはわかりにくいのではないかと思います。そこで、法律上の規定から合理的配慮の考え方を整理してみましょう。

　まず、基本法の規定をもう一度確認します。

障害者基本法における合理的配慮の規定

> **第4条第2項**　社会的障壁の除去は、それを必要としている障害者が現に存し、かつ、その実施に伴う負担が過重でないときは、それを怠ることによつて前項の規定に違反することとならないよう、その実施について必要かつ合理的な配慮がされなければならない。
>
> ※　波線は筆者による

　この規定の中では、特に「社会的障壁の除去」という考え方が目を引きます。

　社会的障壁とは、基本法第2条に定義が置かれており、「障害がある者にとって日常生活又は社会生活を営む上で障壁となるような社会における事物、制度、慣行、観念その他一切のもの」とされています。障害のある人が生活するうえで「バリア」となるようなもの、一例としては車いす利用者にとっての段差や、視覚障害者にとっての文字などがイメージしやすいと思います。こうしたバリアを取り除くことが「社会的障壁の除去」になります。これを踏まえて条文を少し柔らかく、ポイントで整理すると「障害のある人が生活する上でのバリアの除去」は、

1　除去を必要としている障害者が現に存在し、
2　障壁を除去するための負担が過重でなければ、
3　障壁の除去をしないことで障害者が権利や利益を損なうことがないよう、
4　必要かつ合理的な配慮をしなければならない

ということになります。そして、この考え方も踏まえて雇用分野における合理的配慮の考え方を示したのが、先ほど紹介した雇用促進法第36条の2・3となります。なお、これらの条文の解釈については、雇用促進法を所管する厚生労働省が雇用分野における「合理的配慮指針」を取りまとめており、その中で次のとおり示されています。

合理的配慮指針における基本的な考え方

1 合理的配慮は、<u>個々の事情を有する障害者と事業主との相互理解の中で提供されるべき</u>性質のものであること

2 合理的配慮の提供は事業主の義務であるが、採用後の合理的配慮について、<u>事業主が必要な注意を払ってもその雇用する労働者が障害者であることを知り得なかった場合</u>には、合理的配慮の提供義務違反を問われないこと

3 過重な負担にならない範囲で、職場において支障となっている事情等を改善する合理的配慮に係る措置が複数あるとき、<u>事業主が、障害者との話合いの下、その意向を十分に尊重した上で、より提供しやすい措置を講ずることは差し支えないこと。</u>また、障害者が希望する合理的配慮に係る措置が過重な負担であるとき、事業主は、当該障害者との話合いの下、その意向を十分に尊重した上で、<u>過重な負担にならない範囲で合理的配慮に係る措置を講ずる</u>こと

4 合理的配慮の提供が円滑になされるようにするという観点を踏まえ、<u>障害者も共に働く一人の労働者であるとの認識の下、事業主や同じ職場で働く者が障害の特性に関する正しい知識の取得や理解を深めることが重要である</u>こと

※波線は筆者による

出典：厚生労働省「雇用の分野における障害者と障害者でない者との均等な機会若しくは待遇の確保又は障害者である労働者の有する能力の有効な発揮の支障となっている事情を改善するために事業主が講ずべき措置に関する指針（合理的配慮指針）」（平成27年3月）

　このように、事業主が提供すべき合理的配慮は、障害者との意思疎通を踏まえて、過重な負担とならない範囲で個別に提供されるものです。また、同指針では募集及び採用時と採用後に分けて合理的配慮の提供方法を示していますが、その流れは次のとおりです。

合理的配慮提供までの流れ

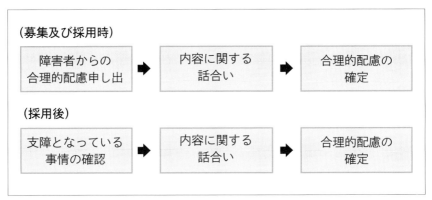

出典：厚生労働省「雇用の分野における障害者と障害者でない者との均等な機会若しくは待遇の確保又は障害者である労働者の有する能力の有効な発揮の支障となっている事情を改善するために事業主が講ずべき措置に関する指針（合理的配慮指針）」（平成 27 年 3 月）

　一方で、提供すべき合理的配慮が事業主にとって過重な負担に当たるのかどうかについては、事業活動への影響や費用、負担の程度、企業の規模や財務状況、公的支援の有無など多面的に検討することとなります。具体的には次のとおりです。

過重な負担の判断要素

（1）事業活動への影響の程度	（4）企業の規模
（2）実現困難度	（5）企業の財務状況
（3）費用・負担の程度	（6）公的支援の有無

出典：厚生労働省「雇用の分野における障害者と障害者でない者との均等な機会若しくは待遇の確保又は障害者である労働者の有する能力の有効な発揮の支障となっている事情を改善するために事業主が講ずべき措置に関する指針（合理的配慮指針）」（平成 27 年 3 月）

　事業活動への影響の程度とは、配慮を提供することで事業所における生産活動やサービス提供などの事業活動へ影響が生じるかどうかを考慮するものです。例えば、ライン作業をしている工場で、作業スピードが異なる人のためにベルトコンベアーの速度をそのつど調整していたので

は、明らかに生産活動の停滞を招いてしまいます。こうしたケースでは「ベルトコンベアーの速度をそのつど調整する」という配慮が求められたとしても、企業としては過重な負担となる可能性があります。

　実現困難度は、配慮の提供に適さないような立地条件や施設形状であるか、機器や人材の確保、設備の整備が困難であるか、などによって判断します。例えば、文字で書かれた作業指示書を点字化することが必要な人がいた場合、書字を点字へ変換する技術を有する人材がいなければ実現は不可能です。また、点訳ソフトや点字プリンターがなければ、点字化も印刷もできません。こうしたケースでは、少なくともすぐに点字資料を用意するとしたら過重な負担に当たる可能性があります。

　その他には、配慮の提供に要する費用が重い場合、企業の規模が小さかったり財務状況に不安があったりする場合も過重な負担に当たる可能性があるほか、障害福祉サービスなどの公的支援が利用できる場合は、それを前提に提供する配慮を判断することになっています。

精神障害者への合理的配慮

　さて、ここまで雇用就業分野における合理的配慮の提供に関する一般的な考え方を整理してきましたが、本書のテーマである精神障害者に対する配慮にはどのような特徴があるのでしょうか。132頁以降にあるボーン・クロイド氏の実践も交えてご紹介します。

　まず、少し雇用分野からは離れますが、精神障害者への合理的配慮について整理してみましょう。

　周知のとおり差別解消法では、民間事業者に対して「対応指針」という、一種のガイドラインを作成しています。中でも、障害者と接する機会が多い福祉事業の分野は厚生労働省が所管しており、精神障害者に対する合理的配慮の例も比較的豊富に示されています。

　精神障害を大きく「精神障害」「自閉症、アスペルガー症候群を含む広汎性発達障害（自閉症スペクトラム障害）」「学習障害（限局性学習障害）」「注意欠陥多動性障害（注意欠如・多動性障害）」の４類型とした上で、

それぞれの主な特性と主な対応（合理的配慮に当たりうると思われる取り組み）を示しています（表1参照）。本書で紹介している9事例にも、これらの種類のいずれかに該当する当事者の方が登場されます。

表1: 厚生労働省・福祉事業者向け対応指針の精神障害関連部分

障害類型	主な特性	主な対応
精神障害 （全般）	・精神疾患の発病により、長期にわたり、日常生活又は社会生活に相当な制限を受ける状態が続く ・精神障害の原因となる精神疾患は様々であり、原因となる精神疾患によって、その障害特性や制限の度合いは異なる	・障害の特性もさまざまであるため、積極的に医療機関と連携を図り、専門家の意見を聴くなど関係機関と協力しながら対応する
精神障害 （統合失調症）	・「幻覚」や「妄想」が特徴的な症状だが、その他にも様々な生活のしづらさが障害として表れる ・陽性症状として幻覚（幻聴が主で、人の話し声が聞こえたりする）や妄想（明らかにあり得ない内容を確信してしまい、周りが訂正しようとしても受け入れられない）がある ・陰性症状として打ち込んできた趣味、楽しみにしていたことに興味を示さなくなる人づきあいを避けて、引きこもるようになる身なりにまったく構わなくなり、入浴もしなくなるなどがある ・認知や行動の障害として考えにまとまりがなく何が言いたいのかわからない、相手の話の内容がつかめないなどがある ・感情の障害として感情の動きが少なくなる、他人の感情や表情についての理解が苦手になる、その場にふさわしい感情表現ができなくなるなどがある	・統合失調症は脳の病気であることを理解し、病気について正しい知識を学ぶ必要がある ・薬物療法が重要であるので、治療を続けることを支援し、治療しながらやれることが多いことを知る必要がある ・社会との接点を保つことも治療となるため、病気と付き合いながら、他者と交流したり、仕事に就いたりすることを応援する ・いちどきに多くの情報が入ると混乱するので、一度に伝える情報は一つに絞り、ゆっくり具体的に伝えることを心掛ける
精神障害 （気分障害）	・気持ちが落ち込んだり（うつ状態）、活発（躁状態）になったりを繰り返す ・やる気が出ない、疲れやすい、死にたくなるなどの症状がでる（うつ状態） ・ほとんど寝ずに働き続けたり、しゃべり続けたりする（躁状態）	・家族を含む周囲の人が病気（双極性障害）について理解する ・専門家に相談したり、専門機関で治療を受けたりするように勧める

障害類型	主な特性	主な対応
精神障害 （依存症 ：アルコー ル）	・飲酒のコントロールができない ・自己中心的になったり、嘘をついたり、否定的になったりする ・暴言や暴力、徘徊、妄想をともなう場合もある	・家族を含む周囲の人が病気（依存症）について理解する ・専門家に相談したり、専門機関で治療を受けたりするように勧める
精神障害 （てんかん）	・突然意識を失って反応がなくなるなどの発作がおきる ・発作の間は意識がなくなり、周囲の状況がわからない状態になる	・だれもがかかる可能性がある病気であることを理解する 発作がコントロールされている場合は、過剰に活動を制限しない
精神障害 （認知症）	・認知症は、単一の病名ではなく、種々の原因となる疾患により認知機能が低下し、生活に支障が出ている状態 ・原因となる主な疾患として、アルツハイマー型認知症、血管性認知症、レビー小体型認知症、前頭側頭型認知症（ピック病など）がある ・認知機能の障害の他に、行動・心理症状（BPSD）と呼ばれる症状（不穏、興奮、幻覚、妄想など）がある	・認知症は皆にとって身近な病気であることを理解する ・できないことではなくできることに目を向けて、本人が有する力を最大限に活かしながら、地域社会の中で本人のなじみの暮らし方やなじみの関係が継続できるよう、支援していく ・BPSD については、何らかの意味があり、その人からのメッセージとして聴くことが重要であり、BPSD の要因としてさまざまな身体症状、孤立・不安、不適切な環境・ケア、睡眠や生活リズムの乱れなどに目をむける

障害類型	主な特性	主な対応
自閉症、アスペルガー症候群を含む広汎性発達障害（自閉症スペクトラム障害）	・対人関係の苦手さ（場の雰囲気で相手の気持ちを理解することが苦手） ・コミュニケーションの苦手さ（一方的に話し続けるなど、コミュニケーションのやり取りが苦手） ・限定した興味、こだわり、想像力の障害（こだわりが強い、パターン化傾向、イメージを広げることが苦手）	・肯定的、具体的、視覚的な伝え方の工夫（何かを伝えたり依頼したりする場合には、必ずその意図や目的を伝えたうえで、図やイラストなどを使って説明するなど） ・スモールステップによる支援（新しく挑戦する部分は少しずつにする） ・感覚過敏がある場合は、音や肌触り、室温など感覚面の調整を行う
学習障害（限局性学習障害）	・「読む」「書く」「計算する」の能力が、全体的な知的発達に比べて極端に苦手	・得意な部分を使って情報アクセスし、表現できるようにする（タブレットなどICT（情報通信技術）の活用など） ・苦手な部分について、課題の量・質を適切に加減する、柔軟な評価をする
注意欠陥多動性障害（注意欠如・多動性障害）	・注意力を維持することの苦手さ（うっかりして同じ間違いを繰り返す、すぐ飽きる、じっくり腰を落ち着けて取り組む場面を避ける、先延ばしする） ・多動性（じっとしていられない、おしゃべりが止まらない） ・衝動性（辛抱できない、約束や決まりごとを守れない）	・気の散りにくい座席の位置の工夫、わかりやすいルール提示などの配慮 ・ストレスケア（傷つき体験への寄り添い、適応行動ができたことへのこまめな評価）

出典：厚生労働省「障害者差別解消法 福祉事業者向けガイドライン──福祉分野における事業者が講ずべき障害を理由とする差別を解消するための措置に関する対応指針」（平成27年3月）を筆者が抜粋

ここからもわかるとおり、精神障害者への配慮は多くの場合ソフト面での対応が中心となります。例えば139頁の事例【入社半月前の入院事例】は、周りは少しびっくりしたかもしれませんが採用に当たってのルールを調整することで対応可能という意味では、ソフト面での合理的配慮といえます。

　そのほかにも、雑多な音が同時に耳へ入ってきて必要な情報を得ることが難しい特性がある人に対して業務説明を個室で行う、文字情報よりも視覚情報の方が把握しやすいという特性がある人に対して写真やイラストを用いた業務指示書を用いるといった配慮、あるいは通常一連で説明する作業手順を細分化し、段階を踏んで慣れていくことを支援するといった工夫も配慮の1つとなります。

　例えば、エム・シーネットワークスジャパン（68頁）、サンキュウ・ウィズ（95頁）の事例では、デスク上のパーティション設置やパスワードのバーコード化といった配慮が実践されています。いずれも雇用側の工夫で力を発揮しやすい職場環境を実現できた実例といえます。

　精神障害者に対する合理的配慮の特性として、例えば車いす利用者にとっての段差のような、「障壁となっているもの」がわかりにくいという点に特に留意する必要があります。言い換えると、「合理的配慮の提供」には大きく2つのステップがあり、まず本人にとっての障壁（配慮を要する場面や事項、伝え方やかかわり方など）をイメージする（仮説を立てて探す）段階があり、その後に、障壁を取り除くための支援環境やかかわり方などの配慮（車いす利用者にとっての昇降介助や渡し板の提供）を、152頁でご紹介したように「事業主が、障害者との話し合いの下、その意向を十分に尊重した上で、より提供しやすい措置を講ずる」段階があるわけです（表2参照）。

　これを時系列で整理すると、表3のようになります。

支援機関（相談機関）との建設的対話

　ただ、こうした取り組みを企業等へ一方的に求めるだけでは、なかなか前に進みません。精神障害者に対する合理的配慮は外形的にわかりに

表2: 合理的配慮の提供における2つの段階

		車いす利用者	精神障害者
ステップ1	障壁となっている事象を特定する段階	段差を越えることができずに困っている（外形的に特定しやすい）	状態を総合的に考えるとできるはずのことが、精神疾患などにより対応できずに困っている（疾患特性を含めた状態像の総合的なアセスメントがないと、外形的には特定しにくい）
ステップ2	障壁に応じた合理的配慮を提供する段階	職員による乗降の介助や渡し板の提供などによる段差の解消	支援環境やかかわり方などソフト面の配慮による障壁（困りごと）の解消

表3: 精神障害者に対する合理的配慮のプロセス例

	想定されるプロセス	具体的な取組み
第1段階	障害特性に応じた社会的障壁（困りごと）があることへの気づき	本人の年齢や日常生活の観察から推測される行動上の気になる点の洗い出し
第2段階	その障壁（困りごと）の明確化	行動面や作業面からのアセスメント実施と障壁事象の確認
第3段階	特性に応じたソフト面を含む合理的配慮の提供	アセスメントから導かれる個別的対応の実践
第4段階	個別の対応による困りごとの解消状況評価と、評価に基づく合理的配慮の内容見直し	合理的配慮の提供によって困りごとが解消したかどうかを評価し、それに基づいてその後のかかわり方などを見直す

くいことから、障害特性に応じた社会的障壁（困りごと）があることへの気付きが求められます。

　そこで重要になるのが、障害者の就職を支援するさまざまな支援機関（相談機関）と、個別サポートを提供する支援者です。

　就職支援機関（相談機関）には公共職業安定所（ハローワーク）や地域障害者職業センター、ジョブコーチ制度や障害者就業・生活支援センターのほか、障害福祉サービスである就労移行支援事業や就労定着支援事業、就労継続支援事業などがあります。支援の全体像は図のとおりと

図：障害者の就職を支援するさまざまな支援機関（相談機関）

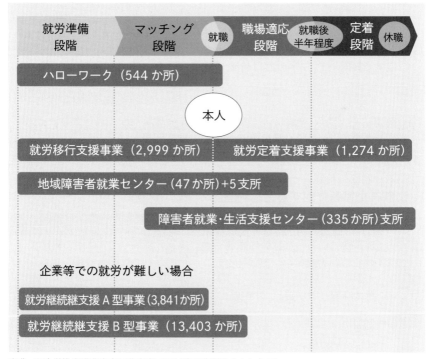

出典：厚生労働省職業安定局障害者雇用対策課資料をもとに加工

なります。

　精神障害者の雇用に際しては、支援機関から紹介されてくることが多いため、企業等が職場における支援のあり方で困った際には、まず紹介元へ相談することになります。特に初めて精神障害者を雇用する場合には、必ず相談すべき窓口はどこになるのかを確認しておくことが重要になります。

　例えば、スーパーホテルクリーン（26頁）、中央労働金庫（76頁）、の事例では、ハローワークや障害者就労支援センター、就労移行支援事業所などからアドバイスを受けている様子が紹介されています。障害者雇用に関係する各機関は、例外なく企業側での受け入れが広がることを望んでいます。アドバイスや実地見学などにも快く応じてくれる機関が

大半ですから、積極的に協力を求めるようにしましょう。

　また、表1からもわかるとおり、一口に精神障害といっても状態像は多様であり、さらに個人差があります。そのため、障害者側が必要と思われる配慮であっても、企業等の側としては対応が難しいケースも出てきます。また、152頁で紹介したとおり、企業等は「障害者との話し合いの下、その意向を十分に尊重した上で、過重な負担にならない範囲で合理的配慮に係る措置を講ずる」わけですから、多くの場面で従業員である障害者との対話に基づいて合理的配慮を提供していくこととなります。このプロセスを「建設的対話」と呼びます。

　建設的対話で重要なことは、「できる・できない」の二元論で考えるのではなく、障害者側は必要な配慮を伝え、企業等の側は完全な形で対応が困難な場合であっても実施可能な代替案を提示することです。もちろん、代替案が提示された際には、障害者側が受け入れ可能かどうかを検討することになります。このような「やりとり・キャッチボール」が建設的対話の本質といえます。そして、その際には可能な限り支援者が中に入るとよいでしょう。

　140頁でボーン氏も指摘しているとおり、支援者がいることで「企業側の文化や考え方も理解した上で、当事者と企業の共通言語を見つけ、橋渡しをする通訳者のような役割」と「それぞれのギャップを知ったうえで、落としどころを見極める」サポートが期待できるからです。

＊　＊　＊

　本書では、精神障害者が職場でいきいきと働いている事例が数多く紹介されています。しかし、いずれの場合もいきなりうまくいったわけではありません。

　「気付き」というプロセスが精神障害者に対する合理的配慮に不可欠だとすれば、本人、家族と支援者、企業等が密に対話して情報共有することで、「気付き」の手がかりを豊富にしていくことが不可欠です。

　50年後、100年後も活力ある社会であり続けるための第一歩を、精神障害者の雇用という形で踏み出してみませんか。

あとがき

　障害者雇用について本を出す、というお話をいただいたとき、果たして良い本が作れるのか、正直なところ自信がありませんでした。それは冒頭にも書いたように、これまで障害者雇用に関する本を手に取っていない人には、通り一遍の内容では、読んでもらえないことが明らかだったからです。しかし企画を進める中で実際に就労している障害者の方たち、彼らを支える現場の皆さん、そして後押しする支援者の皆さんのお話に触れ、それは要らぬ心配だと気付きました。目の前にある本は、今までにないものになったと確信しています。なお本書は、『人事実務』（産労研究所刊）に2019年4月号から2020年3月号にわたって連載されたものに大幅な加筆修正を行い、さらに単行本化に向けて新たに合理的配慮に関する考察と情報を加えたものです。

　企画の段階では、主たる読者としてこれから障害者雇用に取り組もうとする、あるいはすでに取り組んでいて改善を考えている人事労務担当者を想定していました。その後、就労を目指す当事者やその家族、支援機関の福祉専門職にも読んでもらいたいと、読者層を広げ、それに伴って内容を厚くすることにしました。結果として、「当事者」（この場合は障害者雇用に携わる人すべて）を中心に据えた、非常にダイナミックな書籍になったと自負しています。

　マーケティング理論のスタンダードであるイノベーター理論によれば、新しい製品は、イノベーター（革新者）とアーリーアダプター（初期採用者）を合わせた人口の16%が手にしたところで一気に加速的に普及する、とされています。これにアーリーマジョリティ（初期追随者）の34%を加えると、人口の半分です。理論的には、新しい物好きなイノベーターやアーリーアダプターだけでなく、実利的な選択をするアーリーマジョリティにも採用されるという16%のハードルを越えることが最も困難だとされています。2020年度の障害者の法定雇用率達成企業は48.6%ですから*、アーリーマジョリティまではほぼ、法定雇用率

を達成していると言えます。障害者雇用はもはや、できる組織だけがやる事業ではないのです。経営者や上司を説得できない担当者の方、あと一歩が踏み出せない当事者の方、背中を押せないご家族の方や支援者の皆さんはぜひ本書を手に、「こんなことになってます、もうやるしかないです」と宣言するところから始めてみてください。皆さんが行動を変える口実に本書がなれるとすれば、こんなにうれしいことはありません。

　なお本書の執筆監修においては、多くの方々のご指導ご鞭撻をいただきました。インタビューにご協力いただいた関係者の皆さま、連載から単行本化まで支えてくださった産労総合研究所ならびに中央法規出版の皆さま、プロデューサー兼インタビュアー兼執筆者として活躍くださった池田正孝さん、共著者であるボーン・クロイドさん、又村あおいさん、見守ってくれた夫や家族、友人への心からの感謝をもって、あとがきとさせていただきます。

2021年6月

八木亜紀子

＊厚生労働省「令和2年　障害者雇用状況の集計結果」
　https://www.mhlw.go.jp/stf/newpage_16030.html

　本書は、『人事実務』（産労総合研究所）2019年
4月号から2020年3月号に掲載された「共に働く
障害者雇用のための職場づくり　受け入れ・定着に
ついて、当事者と共に考える」を大幅に加筆修正
し、単行本化したものです。

　インタビューに対応いただいた企業の皆さまに
改めて御礼申し上げます。

〈編著者紹介〉

八木亜紀子（やぎ・あきこ）

福島県立医科大学放射線医学県民健康管理センター　特任准教授
プリンシプルコンサルティング株式会社　職場の心理学研究所　所長
（公財）21世紀職業財団　スーパーバイザー
米国カリフォルニア州臨床ソーシャルワーカー／精神保健福祉士／公認心理師／
国際 EAP 協会認定 EA プロフェッショナル。
米国で日英両語でカウンセリング、ケースワーク、リーダーシップ養成トレーニングを
提供。
帰国後、専門家養成、従業員支援、障害者就労支援、女性研究者支援、東日
本大震災による被災者支援に従事。
主な著書に『相談援助職の記録の書き方』中央法規出版、『相談援助職の「伝わ
る記録」現場で使える実践事例 74』中央法規出版、『事例で理解する相談援助職
のキーワード』中央法規出版　など

ボーン・クロイド

NPO法人カラフル・コネクターズ　代表
中央大学文学部卒、佛教大学仏教学専攻科修了。
1959年、日本人の母とアメリカ人の父の間に生まれる。横須賀生まれ横浜育ち。父
のアルコール依存や両親の離婚を経験し、子どものころから人が生きることの苦しみ、
悲しみを深く考えるようになる。中学生のころから死生学に興味をもち『チベット死者
の書』が愛読書に。さまざまな仕事やボランティアを経験後、40歳から福祉職。
2015年より現職。
第一号職場適応援助者（ジョブコーチ）、浄土宗仏教看護使（看取り僧）。

又村あおい（またむら・あおい）

一般社団法人全国手をつなぐ育成会連合会　常務理事 兼 事務局長
神奈川県平塚市障害福祉課、神奈川県庁（総合政策課）、内閣府（障害者施策
担当・障害者制度改革担当室）等に勤務し、障害児者福祉制度全般にかかわる。
2020年4月から現職。
現在は、障害者総合支援法、児童福祉法をはじめとする制度や、障害者権利条
約・障害者虐待防止法・障害者差別解消法などの権利擁護施策と、障害のある
人の意思決定支援、障害のある人の暮らしとお金、障害のある子ども（医療的ケア
を必要とする子ども）への支援等に関する活動を行っている。
主な著書に『あたらしいほうりつの本』全国手をつなぐ育成会連合会、『あたらしい
ほうりつの本・改訂版』全国手をつなぐ育成会連合会など、ほか共同著書多数

（インタビュー担当）

池田正孝

編集者。「編集工房池田企画」代表。
主に福祉、教育ジャンルの書籍・雑誌の企画編集、取材活動を行う。

9つの事例でわかる
精神障害・発達障害のある人が活躍する職場のつくりかた

2021年7月20日 発行

編　　集	八木亜紀子
著　　者	ボーン・クロイド　又村あおい
発 行 者	荘村明彦
発 行 所	中央法規出版株式会社
	〒110-0016　東京都台東区台東 3-29-1 中央法規ビル
	営　業　　　TEL 03-3834-5817　FAX 03-3837-8037
	取次・書店担当　TEL 03-3834-5815　FAX 03-3837-8035
	https://www.chuohoki.co.jp/
編集協力	池田正孝（編集工房池田企画）
カバー・本扉イラスト	あべまれこ
ブックデザイン・本文 DTP	タクトデザイン事務所
印刷・製本	株式会社ルナテック

ISBN978-4-8058-8351-8

本書の内容に関するご質問については、下記 URL から「お問い合わせフォーム」にご入力
いただきますようお願いいたします。
https://www.chuohoki.co.jp/contact/